Impressum

© Copyright by L&H VERLAG GmbH
Baumwall 5, D-20459 Hamburg
Telefon 040-36 97 72 45, Fax 040-36 97 72 60

Autor: Dieter Pocher
Redaktion: Das 3. Bureau/L&H Verlag
Fotos: Schloß Güstrow/Steiner, Schweriner Schloß/Balzzerek,
Stadtverwaltung Neustrelitz, diverse Schloß- und Herrenhausverwaltungen,
Tourismusverband Mecklenburg-Vorpommern e. V., Michael Zapf,
Historische Abbildungen Sammlung Autor
Gestaltung und Satz: DTP-Studio S+S GmbH, Hamburg
Litho: Kai Stern, Hamburg
Kartografie: L&H VERLAG/kontur, Berlin
Druck, Verarbeitung: Gustav A. Schmidt

Die Deutsche Bibliothek – CIP-Einheitsaufnahme
Dieter Pocher
Schlösser und Herrenhäuser in Mecklenburg-Vorpommern
1. Aufl. – Hamburg: L&H VERLAG, 1997

ISBN 3-928119-21-4

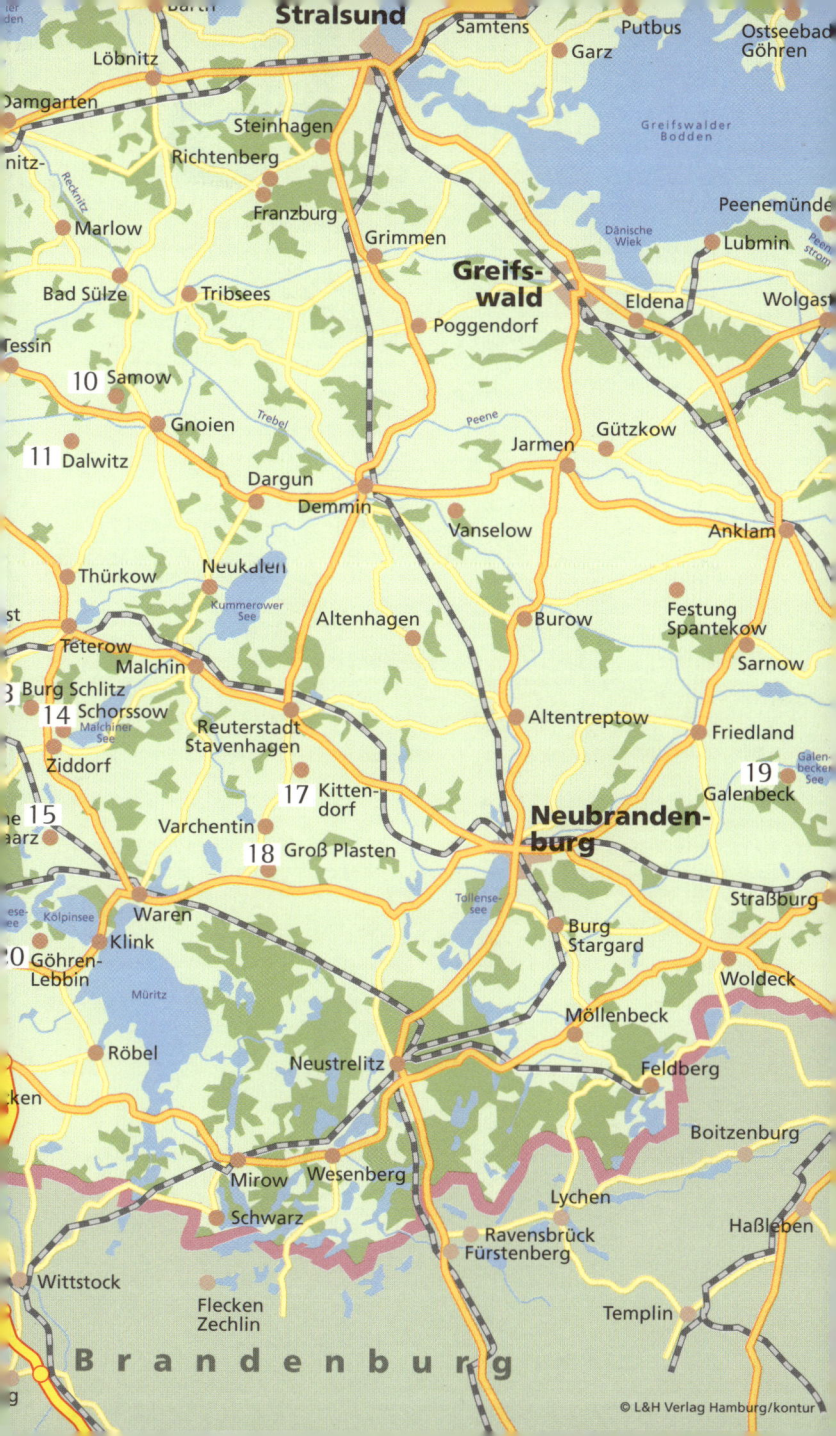

Inhalt

Übersicht

Dies sind die kulturgeschichtlich wichtigen, häufig unbekannten, zugleich weitgehend zugänglichen Schlösser und Herrenhäuser. Sie tragen die Numerierung von 1 bis 30.
Im Text finden Sie im Anschluß an diese Häuser weitere Schlösser und Herrenhäuser (schwarz unterlegt), die in der Umgebung wichtig, sehenswert, teilweise aber auch in der Restaurierungsphase sind.
Alle Bauten stehen im alphabetischen Register.
Nehmen Sie diese Auswahl bitte als eine Anregung, stellvertretend für die vielen bekannten und unbekannten Häuser im Lande.

Alphabetisches Verzeichnis

7

Vorwort

Der Bereich von Schlössern und Herrenhäusern mit ihrer wechselvollen Geschichte ist für Mecklenburg-Vorpommern ein besonders landestypisches Thema und verdient immer wieder differenzierte publizistische Darstellung. Schlösser und Herrenhäuser verleihen mit ihrer oftmals hochrangig künstlerisch gestalteten Umgebung, mit ihren Alleen und Parkanlagen, unserer Landschaft eine einmalige, vielfach vergessene Poesie, die ihrer Wiederentdeckung harrt.

Seit seinem Eintritt in die Geschichte war das Land von Burgen und geschützten Bereichen geprägt, unter denen die slawischen Anlagen einen hohen Stellenwert erreichten. In einigen Fällen, so in Schwerin, bildeten die slawischen Flucht- und Verteidigungsburgen das Fundament späterer Herrensitze und eröffneten eine besonders stabile Kontinuität.

Nach der kulturellen Blüte des hohen und späten Mittelalters, nach dem begrenzten Intermezzo der Renaissancezeit brachten Mecklenburg und Vorpommern trotz der Schäden und Verluste durch den 30jährigen Krieg seit dem 18. Jahrhundert noch einmal eine liebenswürdige Blüte hervor: eine Feudalkultur mit Schlössern, Herrensitzen und Parkanlagen, unverwechselbar und von einem liebenswürdigen Charme, mehr behäbig als prächtig, kein rauschendes Barock, sondern schlichte Repräsentation. Den Höhepunkt und Abschluß des feudalen Prunks setzte im Jahre 1857 der Um- und Neubau des Schweriner Schlosses, heute wieder Sitz des Souveräns, des Landtages von Mecklenburg-Vorpommern.

Das Ende der ursprünglichen Funktionen nach 1918 und besonders nach 1945 bedeutete oftmals schädliche Zweckentfremdung, kulturelles Absinken und mühsames Suchen nach neuer sinnvoller Nutzung.

Der Bereich der Schlösser und Herrenhäuser ist für das Bundesland Mecklenburg-Vorpommern Gabe und Aufgabe, wobei dem Tourismus, der ein durch Landschaft, Natur und Kunst vermitteltes Lebensgefühl berücksichtigt, ein besonderes Gewicht zukommt, vor allem, wenn er durch zusätzliche kulturelle Angebote und eine attraktive Gastronomie bereichert wird.

Die Schlösser zu Schwerin, Güstrow und Ludwigslust sind inzwischen zu unverwechselbaren Hausmarken geworden, und es ist mein besonderes Anliegen, daß der Bekanntheitsgrad auch der zahlreichen anderen Schlösser unseres Bundeslandes wächst.

Rainer Prachtl
Präsident des Landtages Mecklenburg-Vorpommern

Herbst 1997

Was finden Sie wo

Dieser Reiseführer wendet sich an die Liebhaber von Schlössern und Herrenhäusern – sowohl an diejenigen, die es bereits sind, als auch an die Menschen, die ihre Liebe zu den herrschaftlichen Bauten noch entdecken wollen. Das handliche Buch begleitet Sie auf ihrem Weg zu den kunsthistorischen Sehenswürdigkeiten Mecklenburg-Vorpommerns, die wir – nach Regionen und Epochen zusammengefaßt – für Ihre Reise ausgewählt haben.

Das Land zwischen Elbe und Oder hat für jeden Besucher etwas zu bieten: für Kunst- und Architekturkenner genauso wie für Naturkundler, Wanderer, Wassersportler und Radler. Hingewiesen sei an dieser Stelle auf die wunderschönen Alleen und die wilde Landschaft des Darß, Fischland an der Küste, das einen Abstecher besonders außerhalb der Saison lohnt.

Zum Aufbau dieses Buches: Die kultur- und kunstgeschichtliche Einleitung gibt einen Überblick über die Entstehungsgeschichte, die architektonische Entwicklung und die Besonderheiten der mecklenburgischen und vorpommerschen Schlösser und Herrenhäuser. Vor jedem der fünf regionalen Kapitel finden Sie eine Karte, auf der die interessantesten Stätten eingezeichnet sind, danach folgt die Beschreibung, was dort zu sehen ist. In einer kurzen Übersicht sind weitere sehenswerte Orte genannt. Am Ende jeden Kapitels stehen die Adressen der Tourist-Informationen, Tips für schöne Aussichtspunkte, Natur- und Nationalparks sowie Empfehlungen für Übernachtungen in Schlössern und Herrenhäusern sowie in guten Hotels. Wer spontan ist, mietet sich auch in einem der zahlreichen Privatzimmer ein, in der Saison kann die Suche allerdings mühsam werden. Für längere Aufenthalte an einem Ort bietet sich eine Vielzahl von Ferienwohnungen an. Adreß-Auskünfte erteilen die Tourist-Informationen.

Auf der Reise zu den manchmal auch abseits der Hauptstraßen gelegenen kunsthistorischen Schätzen ist ein Auto oft das geeignetste Verkehrsmittel. Natürlich ist auch eine Anreise per Bahn möglich, das Streckennetz ist gut. Fahrräder gibt es fast in jedem auch kleinerem Ort zu mieten. Viele Gemeinden, Fremdenverkehrsverbände und Gastgeber organisieren Radwanderungen oder geben Radwanderkarten heraus. Mecklenburg-Vorpommern ist ein ideales Gebiet zum Radeln. Und vergessen Sie nicht: Ein Spaziergang an den weiten Stränden, durch kopfsteingepflasterte Straßen und durch weite Wälder beschert Ihnen erst die richtige Muße.

Königsstuhl

Kunsthistorische Einführung

Der Eindruck eines großen Landschaftsgemäldes erhöht sich für den Denkenden, wenn er es mit Geschichte zu verbinden weiß.

Ferdinand Gregorovius

Zugegeben, einer solchen Geschichtsauffassung mag etwas Romantisches anhaften. Tatsächlich verbirgt sich dahinter aber ein Denkmodell, das – ausgehend von dem engen Geflecht zwischen Landesnatur, Geschichte, Kunst und Kultur – am Bild der Gegenwart Vergangenes erkennen läßt. Zur Deutung gemeinsamer siedlungs- und agrar- sowie kulturgeschichtlicher Konturen im heutigen Bundesland Mecklenburg-Vorpommern bietet es sich an. Dies umso mehr, als hier seit dem Ende des Zweiten Weltkrieges und neuerlich bei der Länderbildung im Frühsommer 1990 zwei benachbarte historische Kulturlandschaften Norddeutschlands mit unfraglich eigenen, weithin sogar voneinander unabhängigen Geschichtsbezügen zu einer Verwaltungseinheit zusammengefügt sind: das gut tausendjährige Mecklenburg – bis 1918 ein souveräner Bundesstaat – und das nicht minder traditionsreiche Vorpommern – ein Rest der 1945 untergegangenen preußischen Provinz Pommern. Zu den prägenden Landschaftseindrücken zählen hier unfraglich die auf rund 1.800 bezifferten Gutsanlagen, selbst wenn davon bereits siebzig Prozent als ernsthaft substanzgefährdet gelten müssen.

Dieser Reiseführer regt zum Entdecken solcher Schlösser und Herrenhäuser an, die touristisch nutzbar sind, verweist aber auch auf solche, die zu den bau- und kunstgeschichtlichen Kostbarkeiten in Mecklenburg-Vorpommern rechnen. Ein Katalogisieren ist freilich nicht beabsichtigt, wohl aber sollen die in ihrem architektonischen Anspruch durchaus differierenden Gebäude einen

14

repräsentativen Überblick über einen spezifischen Bereich regionaler Baugeschichte vermitteln.

Einladend liegen sie vor uns, die mannigfaltigen, eiszeitlich modellierten Landschaftsbilder von Mecklenburg-Vorpommern – gewissermaßen eine „Schöpfung" der letzten großen Kälteperiode, der sogenannten Weichselkaltzeit. Unschwer weiß der Kenner die bunte Abfolge von Flachland und Hügelketten, Seen und Wasserläufen als glaziale Serie zu deuten. Waldstreifen, Baumgruppen, Alleen, unterschiedlich grün, das Rot der Dächer kleiner Dörfer, einzelner Gehöfte, scheinbar endlose Wiesen und Felder, das Wechselspiel aufgetürmter Wolkenberge, das sind die Farbtupfer, die den Zauber der Landschaftseindrücke nur noch erhöhen. Andererseits, die natürlichen Ressourcen sind mehr als bescheiden. Relativ dünn besiedelt, ist diese nordöstliche Region bis heute agrarisch bestimmt geblieben.

Bodendenkmale und archäologische Fundplätze beweisen, daß das heutige Mecklenburg-Vorpommern seit gut zehntausend Jahren durch Menschen besiedelt wird. Steinzeit, Bronzezeit, Eisenzeit stehen in ihrer Abfolge für zivilisatorischen Zuwachs. Als dann in der Völkerwanderungszeit die germanischen Stämme aus dem Gebiet zwischen Elbe und Oder abwanderten, folgten ihnen slawische Verbände in diesen Raum nach. Mit der Neubesiedelung des Landes entstanden zwischen dem 8. und 9. Jahrhundert Dörfer und Burgen, deren mächtige Umwallungen teilweise bis heute überdauert haben, so die Anlage von Groß Raden bei Sternberg, die Michelenburg (Mecklenburg) bei Wismar und auch die Tempelburg Arkona auf der Insel Rügen. Aber schon vor der Jahrtausendwende wurden die Slawen durch ihre Nachbarn bedrängt, von Wikingern und Dänen, polnischen und deutschen Heeren. Doch der Aufstand von 983 ließ das von den Anrainern Gewonnene wieder fragwürdig erscheinen. Erst im Verlauf der weiteren Ostkolonisation, jener zweiten Etappe, die vom Anfang des 12. bis hinein ins 13. Jahrhundert währte und in einem engen Kontext zum damaligen Kreuzzugsgeschehen stand, sollten jene Siedlungsgebiete dem deutschen Lehnsverband angegliedert werden. Pribislaw, Sohn des 1160 gefallenen Obotritenfürsten Niklot, wurde 1167 Reichsfürst. Seine Nachfolger regierten als Herzöge (seit 1348) bzw. Großherzöge (seit 1815) Mecklenburg bis 1918. Bogislaw erhielt 1181 Pommern zu Lehen. 1637 erlosch das Greifenhaus und schließlich bereitete der Westfälische Frieden jeglicher Selbständigkeit dieses Landes ein Ende. Rügen, ein zunächst der dänischen Krone lehnspflichtiges Fürstentum, fiel 1325 im Erbgang an Pommern.

Diese politische Entwicklung begünstigte den nun bis in die ersten Jahrzehnte des 13. Jahrhunderts anschwellenden Zustrom deutscher Siedler. Sie kamen zu Tausenden aus Niedersachsen, Westfalen und Holstein, selbst aus dem Rheinland. Keineswegs planlos, denn die Forschung versteht es schon lange, die historischen Siedlungstypen, Ortsnamenübertragungen, Stadtrechtsformen, Kirchenbau- und Bauernhaustypen den verschiedenen Wanderungsrichtungen der Kolonisten zuzuordnen. So begann eine Phase, in der zahlreiche dörfliche Siedlungen entstanden, Städte, Klöster und Komtureien begründet wurden und sich ein neues Burgensystem herausbildete. Die Kolonisationsbewegung bewirkte einen wirtschaftlichen Aufschwung und führte bald zu einem relativ einheitlichen niederdeutschen Kulturgefüge. Teile der slawischen Bevölkerung vermochten sich dem deutschen Einfluß zu öffnen, und noch vor Ausgang des Spätmittelalters war dieser Volksteil völlig assimiliert.

In diesem, hier nur orientierend skizzierten historischen Umfeld setzt die Tradition nordostdeutscher Herrensitze ein. Eine Bauaufgabe, die bis hinein in die ersten Jahrzehnte unseres Jahrhunderts nichts an Aktualität verlieren sollte. Zweifellos hängt das mit der einstigen Wirtschaftsstruktur der Region zusammen – typische Agrarländer, in denen der Großgrundbesitz überwog. Allein 1907 wurden in Mecklenburg-Schwerin mehr als 59 %, in Mecklenburg-Strelitz 60 % und in Pommern 51 % der landwirtschaftlichen Nutzflächen von Betrieben über 100 Hektar bewirtschaftet, wohingegen der damalige Reichsdurchschnitt bei annähernd 22 % lag. Die

16

bau- und kunstgeschichtliche Darstellung der alten Herrensitze wird demnach mit einem Blick auf die Entwicklungsgeschichte der Gutswirtschaften verbunden sein müssen. Exakt definiert, da die Umgangssprache diese Unterscheidung zu gerne verwischt, handelt es sich bei der Burg um eine bewohnte Wehranlage, während das Schloß als Wohnsitz eines Fürsten oder vergleichbaren Standesperson gilt, ohne zugleich auch zur Verteidigung eingerichtet zu sein. Das Herrenhaus aber ist der Wohnbau eines Gutsbesitzers und stellt – unabhängig vom architektonischen Aufwand – in Verbindung mit den Wirtschaftsgebäuden das administrative Zentrum einer Gutsanlage dar.

Im gesamten Bereich nordöstlich der Elbe erfolgten die Dorfgründungen über sogenannte Lokatoren, Mitglieder des niederen Adels zumeist deutscher Herkunft, zuweilen aber auch slawischer Abstammung, wie die Familiengeschichten derer v. Plessen, v. Bülow, v. Maltza(h)n und v. Schwerin bzw. v. Oertzen, v. Bassewitz, v. Putbus und v. Borcke erkennen lassen. Als lehnsrechtlich eingebundene Vasallen besaßen sie neben grundherrlichen Rechten und der niederen Gerichtsbarkeit in der Regel drei bis vier Hufen Landes, womit die ritterlichen Eigenbetriebe nicht viel größer waren als die in Erbpacht bewirtschafteten bäuerlichen Betriebseinheiten. Zur Erfüllung sogenannter Roßdienste, also Kriegsdienstpflichten gegenüber dem Lehnsherrn, waren dem ritterlichen Anwesen allerdings weitere Hufen zur Vieh-, insbesondere Pferdezucht zugewiesen. Erst im Verlauf von Spätmittelalter und früher Neuzeit, mit der Herausbildung von Großgrundbesitz, sollte sich dieser Zustand ändern.

Die Feldmark der Kolonisationszeit wird charakterisiert durch den Streubesitz, der sich aus dem Flurzwang der damaligen Dreifelderwirtschaft erklärt. D.h. die Gewanne von Winter-, Sommerfeld und Brache waren gleichermaßen für den ritterlichen wie bäuerlichen Landwirt in jeweils recht lange und vor allem schmale Streifen aufgeteilt und unterlagen der kollektiven Bewirtschaftung. Dadurch war der Ritter – und mit ihm sein Hof – eng in die Dorfgemeinschaft eingebunden; selbst dann, wenn in seltenen Fällen, so in Kalkhorst, mehrere Vasallen an einem Ort siedelten.

Wie die Rittersitze der Kolonisationszeit ausgesehen haben mögen, läßt sich aufgrund fehlender Archivalien und spärlicher Bodenfunde nur vermuten. Es ist aber davon auszugehen, daß zunächst auch hier das für den Nordosten charakteristische niedersächsische Zweiständerhaus, das sogenannte Kübbungshaus, zur Anwendung gelangt ist. Unklar bleibt, ob der ritterliche Wohnsitz schon anfänglich vom Wirtschaftshof getrennt war oder der Ritter sich nur in Notfällen in die außerhalb der dörflichen Siedlung errichtete Befestigung zurückzog. Diese Anlagen, schwer zugänglich in sumpfigem Gelände oder auf einem halbinselartigen Sporn gelegen, wurden in der Folgezeit aber zu Wehrhöfen erweitert und dienten fortan dem ortsansässigen Ritter als Wohn- und Wirtschaftsstätte. Eine topographische Separation, die sich unfraglich mit sozialgeschichtlichen Veränderungen im Spätmittelalter erklären läßt.

Als Haupttyp früher niederadliger Befestigungen erfuhr der Turmhügel – überwiegend in Niederungen und nahe dem mittelalterlichen Dorfkern – eine weite Verbreitung. Die in ihrer Ausführung recht unterschiedlichen Anlagen waren von Gräben umzogen und der Aushub meist zu rechteckigen Hügeln angeschüttet. Hierauf wurde der von Palisaden und Hackelwerk bewehrte Turm errichtet, der anfänglich lediglich als Holz- oder Fachwerkbau aufgeführt war und erst später in massiver Steinbauweise. In Samow und Fincken haben sich Turmhügel erhalten, für den Dewitzer Dorfverband sind – eine Seltenheit – sogar zwei solcher Anlagen überliefert und in Göhren/Strelitz wurde ein mittelalterlicher Wehrturm einem slawischen Burgwall eingefügt. Seit dem 14. Jahrhundert erweitern mehr oder weniger ausgedehnte, landwirtschaftlicher Nutzung dienende Vorburgen solche Kernbauten, wobei es sich ausschließlich um Niederungsanlagen handelt. Aussagekräftige Beispiele haben sich als Bodendenkmale erhalten, so in Groß Markow und Vorwerk/Demmin. Am beeindruckendsten bleiben die Ruinen der recht umfangreichen Burganlage von Stuer-Vorwerk mit dem mächtigen Wohnturm. Erwähnenswert ist ferner die im 16./17. Jahrhundert veränderte Maltzan-Burg in Penzlin. Trotz späterer Überbauung haben die Herrenhäuser Gnemern und Turow nichts an ursprünglicher Wehr-

Alte Burg Penzlin

haftigkeit verloren. Über den Resten früherer Wasserburgen errichtet, erinnern beide Bauwerke an das sogenannte Feste Haus, wie der Wehrhof sonst noch gerne bezeichnet wird. Typologisch ist die Abgrenzung zwischen den einzelnen Befestigungsformen nicht immer präzise möglich. Unter geschickter Ausnutzung natürlicher Gegebenheiten entstanden ausnahmsweise auch hochgelegene Befestigungen, so in Weisdin.

Von diesen niederadligen Bewehrungen, die eigentlich nur geringen militärischen Wert besaßen, sind die vollausgebildeten Burganlagen aus der Wende vom 13. zum 14. Jahrhundert zu unterscheiden. Ursprünglich in landesherrlichem Besitz befindlich, gingen sie später nicht selten durch Pfandschaft in den Besitz mächtig gewordener Vasallengeschlechter über. Bekannte Niederungsburgen dieser Art sind Wasdow und Galenbeck, wo erst nach komplizierten Erschließungs- und Fundamentierungsarbeiten die steinernen Bauten von Haupt- und Vorburg – so Wohnturm, Bergfried, Palas, Ringmauern und Toranlage – errichtet werden

19

konnten. Aus der stattlichen Reihe der Landesburgen seien die Michelenburg und die Anlagen von Schwerin, Güstrow, Demmin und Putbus erwähnt, die – teilweise sogar noch über den alten slawischen Ringwällen errichtet – bis zur Neuzeit als Fürstensitze Bedeutung erlangt haben. Als landesherrliche Befestigung der Übergangszeit gilt die 1284 ersterwähnte Burg Wredenhagen, da hier in exzellenter Weise Elemente der slawischen wie frühdeutschen Burgbautradition einander durchdringen. Gadebusch und Burg Stargard, Mecklenburgs größte mittelalterliche Burg, rechnen zu den Höhenburgen und sind stets in fürstlichem Besitz verblieben. Auf einer pleistozänen Geländekuppe seit dem 13. Jahrhundert angelegt, folgt die Stargarder Befestigung in ihrer Struktur vergleichbaren Vorbildern im Altsiedelland. Als besterhaltene mittelalterliche Burg im Lande gilt das Alte Schloß in Neustadt-Glewe, eine frühere Nebenresidenz der mecklenburgischen Herzöge. In ihrer charakteristischen Form – so der regelmäßige Grundriß und Verzicht auf ein Torhaus sowie die Lage vom Bergfried – stellt sie ein bezeichnendes Beispiel für Wehranlagen aus dem mittleren 14. Jahrhundert dar.

Da seit Ende des 14. Jahrhunderts die Bedeutung von Feuerwaffen für das Befestigungswesen ständig zunahm, wurden seit der frühen Neuzeit eine Reihe von Wehranlagen waffentechnisch modernisiert und umgerüstet. Fortifikationsanlagen, die sich wenigstens bis zum 30jährigen Krieg bewähren sollten, sind als Feste zu bezeichnen. Angelegt über quadratischer oder rechteckiger Grundform und mit starken Mauern und Bastionen versehen, die die Wohn- und Wirtschaftsbauten umschließen, zeichnen sie sich gegenüber der Burg durch ihr weiträumiges, rationelleres System von Graben und Wall aus. In Mecklenburg-Vorpommern begann diese Phase mit dem Umbau der Plauer Burg um 1540. Spantekow, aber auch Putzar und Landskron, die bescheideneren Anlagen von Dalwitz und Lühburg und nicht zu vergessen Granskevitz auf Rügen dokumentieren als zeitgleiche Befestigungen den Entwicklungsstand damaliger Wehrtechnik.

20 Doch sei nicht vorgegriffen. Denn am Vorabend der Reformation, die sich in Mecklenburg und Pommern ab 1520 ver-

breitete, sollte sich in der Landwirtschaft eine allgemeine Krise abzeichnen. Bedingt durch die verheerenden Seuchenzüge seit der Mitte des 14. Jahrhunderts kam es zu einer weitgehenden Entvölkerung agrarischer Regionen und damit verbunden zu Orts- und Flurwüstungen. Der Preisverfall von landwirtschaftlichen Erzeugnissen wie überhaupt ständige Geldentwertung trugen zur Verschuldung und Verarmung der Ritter bei. Das fortdauernde Fehdewesen mochte ein Übriges bewirkt haben. Bedeutendere bauliche Unternehmungen waren also kaum noch möglich. Architektonische Leistungen, wie das spätgotische Netzgewölbe in Gnemern, scheinen eine Ausnahme darzustellen. Insgesamt gesehen stellten sich die Ritterhöfe damals als uneinheitliche Baukomplexe dar. Aber es hatte sich ein Funktionswandel vollzogen: Wirtschafts- und Wohnbereich wurden jetzt in unmittelbarer räumlicher Abfolge aufeinander bezogen, jedoch ohne Rückkoppelung zur dörflichen Siedlung. Baukünstlerisch konnte dieses neuartige Ordnungsprinzip dann erst in der Folgezeit gelöst werden.

Als Ausdruck gesamteuropäischer Entwicklungstendenzen führte im weiteren Verlauf des 16. Jahrhunderts ein Geflecht von Faktoren zu einer agrarischen Konjunktur auch in Mecklenburg und Pommern. Auffällig und bedeutsam für später bleibt dabei der beobachtbare Zug zur Herausbildung großflächiger landwirtschaftlicher Betriebe durch die mit besseren Investitionsmöglichkeiten ausgestatteten Grundherrn. Dem unterlagen die zu Erbzins ansässigen Bauern. Durch die katastrophalen Folgen des 30jährigen Krieges sollte der deutsche Nordosten seinen ursprünglichen Charakter als Bauernland schließlich ganz verlieren. Die wiederum von der Grundherrschaft getragene Rekultivierung wüst gewordener ländlicher Siedlungsbereiche und deren Übernahme in das Gefüge der Gutsflur führte zur Vergrößerung der Gutsländereien, deren Bewirtschaftung nun in Leibeigenschaft gefallene Bauern als „schollengebundene" Arbeitskräfte besorgten. Durch das damit verbundene Legen ihrer Höfe entstanden schließlich arrondierte Agrarflächen, die sich – wichtig für eine getreideexportierende Region – wesentlich rationeller bewirtschaften ließen.

21

Die Eckdaten Reformation und Ausbruch des 30jährigen Krieges markieren für Mecklenburg und Pommern die Zeitspanne der Renaissance. Ihre Baukultur wird bis heute durch einen für Norddeutschland erstaunlichen Reichtum an Fürstenschlössern und Herrensitzen dokumentiert. Die vielgestaltige Palette ihres künstlerischen Formengutes prägen vorrangig italienische Vorbilder, doch lassen sich auch französische und flämische sowie typisch deutsche Gestaltungsprinzipien nicht übersehen. Anregungen, die in ihrer Synthese zu etwas Eigenständigem, Landestypischen verarbeitet worden sind, wie die sogenannten „Johann-Albrecht-Bauten", die Residenzen in Wismar (1553/56, nach Plänen von Gabriel van Aken und Valentin von Lira), Schwerin (1553/55) und Gadebusch (1571, nach Entwurf von Christoph Haubitz) belegen. Ihre ausgewogene Gliederung und ihr charakteristischer, vom flämischen Florisstil beeinflußter Terrakottaschmuck leiten sich von norditalienischen Renaissancebauten ab. Für den Wismarer Fürstenhof, ein ausgereiftes Erstlingswerk dieses Stils zwischen Elbe und Oder, war der im Jahre

Wismar, St. Georgen-Kirche und Fürstenhof

1508 entstandene Palazzo Roverella in Ferrara das unmittelbare Vorbild. Unfraglich lassen sich die Lünettengiebel dieser Bauten ebenfalls auf italienische Motive zurückführen, doch steht das Festhalten an aufwendigen Schmuckgiebeln durchaus auch mit nordalpinen Baugewohnheiten in Zusammenhang. Details, wie hohe Satteldächer, Treppenturm und Erker, deuten ebenfalls auf einheimische Meister.

Charakteristische Elemente italienischer Palastarchitektur weist das Güstrower Schloß (1558/66, nach Plänen von Franz Parr) auf, die Residenz von Herzog Ulrich, einem Bruder Johann Albrechts. So die markante, fassadengliedernde Putzquaderung und hofseitig die prächtige, dreigeschossige Arkadengalerie. Auf Entlehnungen aus der französischen Schloßbaukunst deutet die Bewegtheit des Baukörpers: pavillonartig ausfluchtende Ecktürme und die als Mittelakzent der Hoffassaden konzipiert gewesenen Treppentürme sowie die durch skurril geformte Schornsteine aufgelockerte Dachland-

Schloß Güstrow

schaft. Das niederländische Formengut des Nordflügels (1587/88, nach Entwurf von Philipp Brandin) bleibt zurückhaltend. Und die ungebrochene Kraft heimischer Bautraditionen zeigt sich in den aufwendigen Giebelaufbauten sowie in der gesucht asymmetrischen Komposition der Bauglieder. Als Erlebnis besonderer Art erweisen sich immer wieder die kostbaren Deckengestaltungen.

In der Spätrenaissance, noch kurz vor Ausbruch des 30jährigen Krieges, sollten sich nochmals niederländische Einflüsse bemerkbar machen. Seit 1612 hatte der aus Emden stammende Ghert Evert Piloot dann nur noch teilausgeführte Umbaupläne für das Schweriner Schloß erarbeitet. Danach wäre der heterogene, sogar noch mittelalterliche Partien enthaltende Komplex großzügig zu einem einheitlichen Baublock umgestaltet worden.

Nach den Verwüstungen späterer Kriege haben sich – bis auf den bescheidenen Ludwigsburger Witwensitz von 1577 – von den pommerschen Fürstenschlössern leider nur Nachrichten erhalten, abgesehen vom Stettiner Stadtschloß. Die einstigen Greifenresidenzen zu Loitz, Franzburg und Wolgast waren sächsischen Vorbildern folgende giebelreiche, mehrflügelige Anlagen. Erhalten hat sich lediglich die frühere Franzburger Schloßkapelle (1583). Hier, wie auch in Schwerin, erinnern die massiv aufgeführten, zweigeschossigen Emporen an den Längsseiten an die zeitparallele Torgauer Raumlösung. In Schwerin und der Güstrower Hofkirche, dem Dom, sind rundgeformte Kanzelkörbe überliefert, was sich ebenfalls als Torgau-Zitat erweist. Unfraglich trugen solche Bezüge auf den ersten protestantischen Predigtraum Bekenntnis – und Denkmalcharakter, zumal Ähnliches auch für andere höfische Sakralbauten nunmehr evangelischer Fürstenfamilien belegt ist. Zusammen mit dem 1554 fertiggestellten Croy-Teppich, der seit 1684 zum Besitz der Greifswalder Universität zählt, lassen diese Bau- und Kunstwerke bis heute etwas vom langwierigen Reformationsgeschehen erahnen.

24 Es ist davon auszugehen, daß die Zahl der Renaissance-Herrenhäuser durch spätere Kriegsfolgen, Umbauten und Ver-

wahrlosung stark dezimiert worden ist. Aber die erhaltenen Beispiele – so Basedow (1552), Ulrichshusen, Mellenthin (1575/88),
Spantekow, Penkun (um 1600) sowie Renz, Granskevitz und Spyker
– lassen den Wandel erkennen, dem seit der Mitte des 16. Jahrhunderts die Sitze des Landadels unterworfen waren. Im allgemei-
nen wurden die nun räumlich vom bäuerlichen Siedlungsverband
separierten Gutsbereiche um einen rechteckigen Hof gruppiert: seit-
lich die Wirtschaftsgebäude und an den Schmalseiten das Torhaus
bzw. als Kopfbau das jetzt massiv errichtete Herrenhaus mit der
Längsseite als Schaufront. Eine mittig angeordnete Querdiele sowie
in der Regel ein hofseitig angefügter Treppenturm runden das architektonische Bild ab. Selbst winkelförmige Grundrißlösungen sind
gewählt worden, so in Putzar und Penkun. In Mellenthin flankieren
zwei Nebenbauten das Hauptgebäude, so daß der Eindruck einer
Dreiflügelanlage entsteht. Sogenannte „Doppelhäuser", also die aus
Schleswig-Holstein und Brandenburg bekannten, aus mehreren Par-
alleltrakten zusammengesetzten Gebäudekörper, sind auf Rügen in
Üselitz (Ruine) und Boldevitz zu belegen. Insgesamt bleibt die architektonische Gliederung der zumeist zwei-, zuweilen auch dreige-
schossigen Bauwerke bescheiden, abgesehen vom Portalbereich.
Nach dem Vorbild der Fürstenschlösser tritt Terrakottaschmuck auf
– so in Basedow, Ulrichshusen, Spantekow. Die qualitativ hoch-
wertigen Kamine von Mellenthin und Spantekow sind als letzte
Reste der ursprünglichen Innenausstattung nennenswert.

Das 18., vor allem aber das 19. Jahrhundert stehen für einen
bis dahin nicht gekannten, freilich nicht krisenfrei gebliebenen Aufschwung in der Landwirtschaft. In seinem Verlauf wandelten sich
die Gutswirtschaften in prosperierende agrarische Großbetriebe. Ein
Prozeß, der ohne neueste wissenschaftlich-technische Erkenntnis-
se berücksichtigende Produktions- und Geschäftsmethoden undenk-
bar bleibt. Seit Mitte des 18. Jahrhunderts trat im Nordosten neben
die traditionelle Dreifelderwirtschaft allmählich die holsteinische
Koppelwirtschaft. Diese Anbaumethode, angereichert durch Erfahrungen im Lande selber, setzte sich um 1800 in einer modi-
fizierten Form durch: der Schlagwirtschaft. Ab 1830 wurde sie

den Gesetzen des Fruchtumlaufs angepaßt. Damit in Zusammenhang steht, daß Klee und Raps, später auch Zuckerrüben, als neue Kulturen Eingang in den Feldbau fanden. Mit den Intensivierungsmaßnahmen in Ackerbau und Viehzucht konnten die landwirtschaftlichen Erträge in einem Umfang gesteigert werden, daß es gelang, das exportorientierte Wirtschaftsgefüge lange Zeit international konkurrenzfähig zu halten. Diese Faktoren konnten aber die schon andauernde Ausbildung von Großgrundbesitz nur noch katalysieren, was schließlich grundlegende Veränderungen im Sozial- und Flurgefüge bewirken sollte. Es entstand das Gutsdorf, eine bis dahin in Nordostdeutschland unbekannte ländliche Siedlungsform, die sich durch ihre auffällige Zweiteilung in Herrenhof und Katenzeile auszeichnet. Allerdings läßt sich die Umstrukturierung der Gutsbetriebe und der damit verbundene Um- oder Neubau vieler Herrenhäuser nicht nur durch ökonomische Aspekte erklären. Vielmehr verbirgt sich dahinter auch ein Umbruch in der damaligen Lebens- und Wohnkultur. Letztlich Positionen der Aufklärung verpflichtet, galten – gepaart mit Traditionsbewußtsein – Bildungsstreben, Innovationsfreude und soziales Engagement als ungeschriebene Standesideale, die für viele Vertreter der ritterschaftlichen Familien bis in die Gegenwart verbindlich geblieben sind. An Persönlichkeiten wie den Grafen Schlitz und Johann Heinrich v. Thünen auf Tellow, einen der bedeutendsten europäischen Agrarwissenschaftler des 19. Jahrhunderts und andere wird in diesem Zusammenhang stets zu erinnern sein.

Vor diesem, hier nur andeutungsweise umrissenen Beziehungsgeflecht und geprägt durch die Architektursprache von Barock, Klassizismus, Historismus und beginnendem 20. Jahrhundert, findet die Bauaufgabe Schloß, Herrenhaus ihre künstlerische Gestalt.

Als Wehranlagen hatten die Herrenhöfe nach dem 30jährigen Krieg ihre Bedeutung weitgehend verloren. Zumeist waren sie ohnehin verwüstet. In der schwierigen Wiederaufbauperiode lagen die zunächst noch bescheidenen Bauinitiativen fast ausschließlich beim Landadel. Lühburg und Dalwitz waren instandzusetzen, in

26

Kurzen Trechow – ein übrigens viel zu wenig bekannter Feldstein-
bau von ungewöhnlicher Qualität – sah es nicht viel anders aus,
1682/85 war Gnemern zu erneuern, um nur diese wenigen Beispiele zu nennen. Ein restriktiver Charakter läßt sich allen diesen
Bauwerken nicht absprechen und selbst am Ende des 17. Jahrhunderts mochten fortifikatorische Überlegungen noch eine Rolle spie-
len, wie das auf einer Landzunge zum Recknitztal hin errichtete
Wohrenstorfer Herrenhaus belegt.

In dieser Situation begann ab 1657 die Ausführung von Schloß
Rossewitz. Das vom Typ her als Palast zu deutende Gebäude stellt
ein „Importwerk" ersten Ranges dar, das in Mecklenburg-Vorpommern einzig dasteht und künstlerisch weder Vorbild noch Nachfolge
hat, auch wenn sich einzelnen Herrenhäusern – so Goldenbow (1696),
Wedendorf (1697), Ludorf (1698), Hohen Luckow (1707/08) und Blücher
(um 1700) – ein gewisser holländischer Duktus nicht absprechen läßt.
Es ist überliefert, daß der weltgewandte und baukünstlerisch dilet-
tierende Auftraggeber Joachim Heinrich v. Vieregge, angeregt durch
seine Kenntnis italienischer Palast- und Villenbauten, Vorbild und
Raumdispositionen vorgab, während es dem Baumeister Charles
Philippe Dieussart oblag, diese Gedanken architektonisch umzuset-
zen. Die Übernahme italienischer Elemente zeigt sich in der Wahl des
Bautyps, der in wesentlichen Punkten – so Struktur und Ausrichtung
des Baukörpers – Details Genueser Stadtpaläste folgt. Dagegen zeigt
sich der holländische Zug in Fassadengliederung und Baudekor. Der
Aufriß dürfte Dieussart unbedingt zuzuschreiben sein, da das „Rie-
sengebälk" – eine Sonderform von gekragtem Hauptgesims – zusammen mit dem übrigen Bauschmuck ein geschlossenes System bildet.
Es ist festzuhalten, daß sich Dieussart mit diesem Bau auf der aktu-
ellen Höhe damaliger Architekturdiskussion bewegt und zur Adapti-
on italienisch-holländischen Gedankengutes in Norddeutschland
beigetragen hat. In das künstlerische Gesamtkonzept des Gebäudes
ordnen sich die Fresken des Festsaals folgerichtig ein, wenngleich
Dieussarts Anteil hieran unklar bleibt. Es handelt sich um eine illu-
sionistische Architekturinszenierung, der eine raffinierte Licht-
regie zugrundegelegt ist.

27

Vereinfacht gesagt, wird in Deutschland die von stilistisch unterschiedlichen Strömungen gespeiste Barockkunst um 1700 von Frank-
reich her beeinflußt, wobei im Norden gemäßigte, zuweilen vielleicht doch etwas zu kühle Bauformen umgesetzt worden sind. Die
ihr eigenen Ordnungsprinzipien, wonach auch Siedlung und Landschaft raumgreifend aufeinander bezogen worden sind, konnte die
Relevanz der Bauaufgabe Schloß, Herrenhaus nur noch unterstrei-
chen. Gutsanlagen wie die zu Diekhof (ab 1736), Johannstorf (1743,
nach Plänen von Rudolph Matthias Dallin), Faulenrost (1760/64),
Ivenack und Schloß Bothmer (1726/32, nach Entwurf von Johann
Friedrich Künnecke) sind Beispiele, die trotz gelegentlicher Substanzverluste seit 1945 barockes Raumempfinden bis heute vermitteln. Als architektonischer Höhepunkt erfährt das Herrenhaus,
das mit dem zugehörigen Park in Kontext steht, eine Deutung als
Repräsentations-, Wohn- und Verwaltungszentrum der Besitzung,
dem die Wirtschafts- und sonstigen Nebenbauten einschließlich die
als Katen bezeichneten Leutehäuser räumlich-gestalterisch bei- bzw.
untergeordnet sind. Zwischen Gutsanlage und freier Natur vermitteln als gestalterische Elemente zuweilen Wasserläufe – meist künst-
lich angelegt und nun ohne fortifikatorische Bedeutung, so in
Johannstorf und Bothmer. Obligat sind aber axial angelegte Alleen,
als deren kostbarste in Mecklenburg-Vorpommern die über 200 Jahre
alte Festonallee zwischen Schloß Bothmer und Hofzumfelde gilt.
Schon dieses Beispiel zeigt, daß auf Ziel- oder Blickpunkte kei-
nesfalls verzichtet worden ist. Pavillons oder wie in Diekhof der
große Granitobelisk bündeln die Hauptachsen. In Groß Schwansee
leitet die um 1750/55 gepflanzte Lindenallee den Blick axial zur
Ostsee als einem Naturerlebnis im Sinne der ästhetischen Katego-
rie des Erhabenen. Geistesgeschichtlich darf diese ungewöhnliche
Abfolge unbedingt Interesse beanspruchen, deutet sie doch auf den
Wandel zu aufklärerischem Weltverständnis seit der Jahrhundert-
mitte. Zur Verdeutlichung bietet sich ein Vergleich mit der fast
zeitparallelen Weisdiner Gutsanlage an. Nach einem Großbrand um
1740 entstand hier beim Wiederaufbau eine Komposition, die inhaltlich das Verhältnis von Irdischem zu jenseitig Höherem als
Erlebnis der Gottesnähe thematisiert. Bedingt durch strenge

Symmetrie und Axialität sowie die geschickte Ausnutzung von natürlichen Gegebenheiten, ergaben das einstige Lusthaus auf dem mittelalterlichen Burgberg, das Herrenhaus (1749) mit dem Wirtschaftshof
sowie die hiermit in Korrespondenz gesetzte Dorfkirche (1747/49)
ein sinnfällig aufeinander abgestimmtes Ganzes. Sein Angelpunkt,
der wegemarkierende Taufengel, läßt die konzeptionell gesuchte
Verbildlichung des traditionellen Erlösungsgedankens noch heute
nachvollziehbar werden.

An Umfang das zeitgleiche städtische Bauaufkommen sogar noch
übertreffend, setzte mit dem beginnenden 18. Jahrhundert auf den
Gütern eine bemerkenswerte Bautätigkeit ein, die trotz temporärer
krisen- bzw. kriegsbedingter Unterbrechungen schließlich in den
Stilformen des Klassizismus kulminieren sollte. Nicht selten spiegelt das Ausmaß der Baufreude die Bedeutung einzelner Familien
wider. So entstanden herrschaftliche Wohnsitze, die – bis auf den
funktionellen Unterschied – hinsichtlich ihrer Dimensionen und künstlerischen Ausstattung einen Vergleich mit fürstlichen Bauten nicht
zu scheuen brauchen, so ehedem Remplin sowie die 1945 zerstörten Schlösser Schwerinsburg und Rottmannshagen und die noch
erhaltenen Schloßbauten Zettemin, Kummerow und Bothmer, die
heute bedeutendste Barockanlage in Mecklenburg-Vorpommern.

In der Regel erfolgten Planung und Ausführung der Bauvorhaben durch heimische Kräfte. Auswärtige Baumeister und Kunst-
handwerker wurden nur ganz selten verpflichtet, was nicht zuletzt
die maßgebliche Rolle der Bauherrn belegt, wie im Beispiel Rossewitz bereits erwähnt. Schloß Bothmer, für das sich direkte Vorbilder nicht ohne weiteres benennen lassen, entstand als Auf-
tragswerk eines welterfahrenen Diplomaten unter Leitung des aus
Hannover stammenden Künnecke. Überregionale Beziehungen fami-
liärer Art und Avancement im europäischen Staatsdienst, wie bei
den Familien v. Bassewitz und v. Bernstorff, mögen zur Bekanntschaft mit Architekten geführt haben, deren Leistungen im benachbarten Niedersachsen und Schleswig-Holstein hochgeschätzt
waren. Johann Paul Heumann entwarf die Pläne für Dreilüt-

29

zow (um 1735) und auf Dallin gehen die Grundrisse für Johannstorf und Entwürfe für Dalwitz (um 1726/27) zurück. Auch das Torhaus, ein charakteristisches Bauglied schleswig-holsteinischer Gutsanlagen, ist als „Kunstimport" zu deuten, der durch solche Beziehungen Eingang in die heimische Baugeschichte gefunden hat. Die wenigen Beispiele sind schnell benannt: Dreilützow, Johannstorf, Dalwitz, Groß Vielen (1740), Bellin, Remplin sowie Luplow (1777). Selbst die eine Torsituation beschreibenden, stets paarig angelegten Pavillonbauten, so in Jürgenstorf, Prebberede, Faulenrost und Diekhof, stellen keine spezifisch einheimische Architekturleistung dar. Sie lassen sich aus dem stilführenden französischen Bauschaffen ableiten, doch gilt – wie in Faulenrost – eine unmittelbare Anlehnung an dieses Vorbild eher als Ausnahme. Verbindlich blieb aber das Grundschema, wonach bei größeren Anlagen das Hauptgebäude und die Kavaliersbauten um einen Ehrenhof zu gruppieren waren. Als frühes Beispiel dieser Art gilt Lühburg (um 1700), wo bescheidene Anbauten an einen älteren Kernbau den Komplex zu einer Dreiflügelanlage modifizieren. Unbe-

Remplin

dingt bleibt an Kartzitz auf Rügen (um 1750) zu erinnern, ein kleines, beschwingtes Bauensemble des gleichen Typs. Letztmalig scheint dieses Schema bei der Vietgester Anlage (1792/94) vorgesehen gewesen zu sein. Das beeindruckendste Beispiel bleibt freilich Schloß Bothmer, dessen effektvoll gestaffelter Ehrenhof immerhin eine Gesamtbreite von 200 Metern erreicht. Die klare, streng symmetrische Grundrißgliederung dieser Schloßanlage findet im rhythmisierten Aufriß der Gebäudegruppierung eine Entsprechung. In dieser Hinsicht ergeben sich Parallelen zu Karlsburg, Kummerow, Luplow und Vietgest, wenngleich Ehrenhöfe hier fehlen. Gestaffelt durch architektonische Akzentuierungen, entwickeln sich jene Bauten in geradliniger Reihung entlang der Kopfseite des Gutshofes. Interessante Variationen des französischen Grundschemas sind für Zapkendorf, Diekhof, Dreilützow nachweisbar bzw. planlich für Prebberede (1764) belegt. Die räumliche Gruppierung von Haupt- und Nebenbauten wirkt durch den Verzicht auf verklammernde Galerie- bzw. Zwischentrakte aufgelockert. Den gestalterischen Zusammenhang vermitteln stattdessen die zu Alleen fortgeführten Baumreihen, das gesucht Repräsentative des Ehrenhofes gegenüber dem jetzt funktionell herausgelösten eigentlichen Wirtschaftsbereich unterstreichend.

Alle diese Beispiele dürfen aber nicht darüber hinwegtäuschen, daß sich das äußere Erscheinungsbild barocker Herrenhäuser recht vielgestaltig darstellt, selbst wenn sie in der Mehrzahl einem Grundschema zu folgen scheinen, wie es sich in Weisdin und Plüschow (1758/63) erhalten hat: behäbige, zweigeschossige Bauten mit hoher Dachkonstruktion und gliedernden Risaliten, deren Raumprogramm durch Festsaal und Treppenhaus dominiert wird. Auch überwog noch lange die vergleichsweise material- und damit kostengünstigere Fachwerkbauweise. Unter weitgehendem Verzicht auf sonstigen baukünstlerischen Schmuck können sich derartige Gebäude aber durchaus als stattliche, gut proportionierte und zumeist zweigeschossige Baukörper mit nur leicht betonten Mittelachsen darstellen, so die Herrenhäuser Zühr (um 1740) und Galenbeck. Vornehmlich bauästhetische und wohl weniger materialökonomische Gründe mögen bewirkt haben, daß die auf Hausteinelemente nahe-

31

zu verzichtende Backsteinbauweise zwar nicht auf Einzelfälle beschränkt blieb, im Bestand der barocken Herrenhäuser aber nicht überwiegt: Goldenbow, Ludorf, Blücher, Alt Schwerin (1733), Schloß Bothmer, Johannstorf, Plüschow und Prebberede stellen solche Beispiele dar. Eine Sonderlösung liegt in Rumpshagen (1730/32) vor, einem durch eingedrückte Glasscherben belebten Putzbau.

Der ländlichen Bautätigkeit ungeachtet sind auf fürstliches Betreiben auch die Residenzen erweitert, ja neu angelegt worden. Freilich, mit den großen süddeutschen Architekturleistungen können sich diese Bauvorhaben nur bedingt messen – dazu fehlten einfach die Voraussetzungen. Und in Pommern stand nach dem Erlöschen des Greifenhauses eine solche Bauaufgabe ohnehin nicht mehr zur Diskussion. Bedeutendes blieb im 17. Jahrhundert auf halbem Wege liegen – so der Ausbau Güstrows zu einer „Barock-Residenz", was in Anlehnung an ähnliche Vorhaben des Großen Kurfürsten in Berlin und Umgebung erfolgen sollte. Die künstlerische Mitarbeit des schon bei Rossewitz gewürdigten Baumeisters Dieussart belegen das als Triumphbogen konzipierte Torhaus der Schloßanlage (um 1666/67), das dem Nordflügel vorgeblendete Arkadensystem (nach 1661) sowie die baulichen Rudimente vom Lustschloß Magdalenenlust (nach 1657) bzw. einstigen Darguner Schloß (Südflügel, nach 1664). Jacob Reutz sowie der auch als Architekturtheoretiker bekannte Leonhard Christoph Sturm führten zwischen 1711 bis 1717 das bereits 1616/19 nach Plänen von Piloot begonnene Neue Schloß in Neustadt-Glewe zu einem weitgehenden Abschluß. Diese streng symmetrische Dreiflügelanlage mit kleinem Ehrenhof und einer außerordentlich ausgewogenen Raumaufteilung gilt in der Baugeschichte Mecklenburgs als ein besonders wichtiges Beispiel für den Einfluß französischer Palastarchitektur.

Nach der letzten großen Landesteilung 1701 entstanden mit den beiden neubegründeten Residenzstädten Neustrelitz (seit 1726) und Ludwigslust (seit 1756/58) Ensembleleistungen von Rang. Beiden Ortsgefügen liegen Idealplanungen zugrunde. In typisch barocker Regelmäßigkeit wird die innerstädtische Bebauung in Neustrelitz über einem sternförmigen Grundriß entwickelt. Ähnliches in Ludwigslust, wo aber von vornherein auch optisch an eine

Verknüpfung von Schloßbezirk und Stadtraum gedacht war: entlang einer durch platzartige Ausweitungen rhythmisierten Straßenführung. Trotz späterer Überformung haben sich in den Parkanlagen beider Residenzen eine Reihe von typischen Gestaltungselementen der ursprünglichen Barockgärten erhalten, so in Neustrelitz die Bildwerke der „Götterallee" und in Ludwigslust die bekannte Kaskade (1775) und andere Wasserspiele.

Rokokoformen, wie am Außenbau vom Röckwitzer Herrenhaus (1777), stellen eine ausgesprochene Rarität dar. Im Grunde bleiben sie auf Raumdekorationen beschränkt. Köstliche Gestaltungen haben sich in Mirow – hier geschult am Vorbild des friderizianischen Rokokos – sowie in Ludwigslust, Prebberede und der Gutskapelle zu Diekhof erhalten. Auch der Zopfstil, dessen gestraffte Formensprache Übergänge zum Klassizismus vermittelt, fand hier im Nordosten kaum Verbreitung. Sein baukünstlerisches Vokabular läßt sich in Hohenzieritz an der Schloßfassade (Umbau 1790) und recht überzeugend an den Stukkaturen im Festsaal des ansonsten noch völlig barock tradierten Schloß Vietgest ablesen.

Noch deutlicher, einem Paradebeispiel gleich, präsentiert das nach Plänen von Johann Joachim Bush errichtete Ludwigsluster Residenzschloß (1772/76) den Wandel im damaligen Architekturschaffen. Nach Struktur und Raumempfinden nährt sich das Bauwerk unverkennbar aus dem Barock, aber seine kompakte Körperhaftigkeit und strenge Fassadengliederung deuten bereits auf künstlerische Positionen des Klassizismus.

So gesehen, hatte das barocke Bauschaffen – sicher beeinflußt auch durch Krisenerscheinungen im damaligen Wirtschaftsgefüge – seinen Zenit im letzten Drittel des 18. Jahrhunderts schon überschritten, selbst wenn tradierte Formvorstellungen noch eine Zeitlang umgesetzt worden sind. Als gebräuchlicher Typ hatte sich bis dahin die einheitliche, in strenger Symmetrie um die Hauptachse gruppierte Gutsanlage mit dem Herrenhaus als architektonischem, da inhaltlichem Höhepunkt, herausgebildet.

Schloß Ludwigslust

In seiner Grundstruktur sollte er sich in der Folgezeit weiterhin bewähren. Elemente barocker Formensprache wie Fassadengliederung und hohes, abgewalmtes Mansarddach bleiben bis kurz nach 1800 nachweisbar, so in Groß Kussewitz (1805) und Ravensruh (1806), doch ist eine Formverfestigung unübersehbar. Der Plan zu einer Dreiflügelanlage ist noch einmal bei der Neuordnung der Schönfelder Gutsflur um 1817 in Erwägung gezogen worden, blieb aber unausgeführt. Letztmalig wurde dieses Thema 1826 in Neuhof beim Umbau eines älteren, barock überformten Kernbaus aufgegriffen. In zeitlicher Parallele hierzu waren aber bereits Gutsbauten entstanden, die sich klassizistischem Formgefühl verpflichtet zeigen: Blücherhof, Pinnow, Fincken (1801) Cramon (1804), Wedendorf (Umbau 1805/10), Burg Schlitz (Bauplan 1806, modifizierte Ausführung ab 1812), Penzlin (1808/13) und Wamckow.

Die Architekturentwicklung vollzog sich also nicht abrupt. Feststellbar ist vielmehr, daß einige nordostdeutsche Gutsanlagen des ausgehenden 18. Jahrhunderts bereits tendenziell ein räumlich–gestalterisches Ordnungsprinzip erkennen lassen, das sich später im Städtebau voll entfalten sollte: die Orientierung auf eindeutige Funktionsbestimmungen von Raumgruppen. Für anspruchsvollere ländliche Bauvorhaben ergab sich hieraus eine Trennung von Wohn- und Arbeitsbereich innerhalb der Gutsanlage wie im Einzelgebäude selbst. Als regionale Beispiele dieser durchaus europäisch auftretenden Erscheinung lassen sich Bellin und Dreilützow bzw. Diekhof und Prebberede anführen, wo die gesuchte Unterscheidung in mehr repräsentativ interpretierten Ehrenhof und beigeordneten, baulich geschickt abgesetzten Wirtschaftsteil architektonisch überzeugend gelungen ist. Im Prebbereder Herrenhaus zeigt sich die neuartige Auffassung zudem in den Querkorridoren, die unabhängig von der beibehaltenen Enfilade jeden einzelnen Raum gesondert zugänglich werden lassen. Noch deutlicher tritt diese Tendenz in Ivenack zu Tage. Barocker Reminiszenzen ungeachtet, nimmt hier die räumliche Abfolge von Katenzeile, gesondertem Gutshof und hierarchisch gestaffeltem Schloßensemble bereits etwas von späterer Entwicklung vorweg. Ähnliches trifft auch für Bothmer zu, wo Schloß und Wirtschaftsbereich (Hofzumfelde) funktionell voneinander abgesetzt sind.

Heimisch wurde der Klassizismus hier im Nordosten erst nach 1800. Zwar hatte es zuvor nicht an tastenden Orientierungen gefehlt, doch verbindlich wurden schließlich die künstlerischen Leitbilder der Berliner Bauschule, dem benachbarten Zentrum damaliger Architekturdiskussion von überregionaler Bedeutung. Das Auftreten spezifischer Details wie Bogennische, Blendbogen oder dreiteilige Tür-Fenster-Gruppe mit bekrönendem Lünettenfenster – so erhalten bei den Herrenhäusern Fincken und Gotthun (1827), Nustrow (1830), Repnitz bzw. Rustow (um 1810) und Kuntzow (1822) – belegt jene Vorbildwirkung. Auch die Fassadengliederung vom Herrenhaus Schorssow (Umbau 1808) – hier betonen arkadenartig eingeschnittene Blendbögen die Körperhaftigkeit der Wand – speist sich aus dieser künstlerischen Quelle, erinnert sie doch an Vergleichbares beim einstigen Gilly-Bau zu Kleinmachnow. Zur Verbreitung trugen ihre relativ festen und vor allem erlernbaren Gestaltungsprinzipien nicht unwesentlich bei, befähigten sie doch selbst namenlos gebliebene Handwerksmeister zu durchaus überzeugenden Bauleistungen.

Dennoch sind im Einzelfall natürlich auch Architekten von Rang mit der Ausführung von Herrenhäusern beauftragt worden. Der Anteil des hochbegabten Heinrich Gentz am Mitteltrakt von Burg Schlitz (vor 1806) läßt sich nur mutmaßen. Die innere Raumdisposition berücksichtigend, wird der Massenaufbau gerade dieses Bauteils durch die Staffelung relativ selbständig behandelter stereometrischer Körper charakterisiert: Dem kubusartigen Kernbau mit aufliegendem Zeltdach schiebt sich ein zylinderförmiges Bauglied mit additiv vorgesetztem Portikus ein. Eine Idee, die entfernt Anregungen aus der französischen Revolutionsarchitektur erkennen läßt und an Vorstellungen erinnert, die seit Friedrich Gillys epochalen Entwürfen zu einem Nationaltheater den Formenschatz der Berliner Bauschule bereichert haben.

Burg Schlitz

Carl Theodor Severin, einem Schüler von Carl Gotthard Langhans und David Gilly, sind mit Sicherheit die Herrenhäuser Körchow (1822), Rosenhagen (um1820/30) und Nustrow zuzuschreiben. Ein Vergleich seiner Wohn- und Gesellschaftsbauten läßt ein anderes Merkmal klassizistischer Architekturentwicklung erkennen, wonach die traditionelle Differenzierung einer Bauaufgabe an Eindeutigkeit verlieren konnte. Das heißt Severin setzte bei inhaltlich verschiedenen Bauwerken gleichartige Architekturformen – so Blendbogen und Säule – vereinheitlichend ein und griff – wie in Nustrow – sogar auf eine Raumordnung zurück, die sich bereits bei seinen städtischen Wohnbauten in Doberan bewährt hatte.

Martin Friedrich Rabe, ein langjähriger Gehilfe vom älteren Gilly sowie Gentz, leitete den Umbau von Wedendorf. Die gekonnte Vereinheitlichung des Baukörpers und geschickte Fassadengliederung, mehr noch die funktionelle Neuordnung der Raumdisposition – so das Treppenhaus, die Korridore, wie der aus dem Gebäudeverband völlig herausgelöste Küchen- und Wirtschaftstrakt, vor allem aber die lange belassene Innengestaltung mit Decken- und Wandmalereien von Giuseppe Anselmo Luigi Pellicia, einem sonst in Schleswig-Holstein hervorgetretenen Künstler, sichern diesem Bauwerk trotz späterer Einbußen seinen Rang in der regionalen Architekturgeschichte.

Nach Entwürfen von Joseph Christian Lillie, einem in Kopenhagen ausgebildeten Baumeister, entstanden die Herrenhäuser Schönfeld (1820), Lehsen (1822) und Pritzier (um 1820/25). Ursprünglich wiesen alle drei Bauten einen Portikus auf. Als raumgreifendes Architekturglied verleiht er dem Baukörper einen plastischen Akzent, worin sich schon etwas von der Schmuckfreude des späten Klassizismus ankündigt.

Schließlich ist Cramon zu nennen, ein Werk des in Hamburg einst hochgeschätzten, ebenfalls aus Kopenhagen stammenden Christian Frederik Hansen. Zu Unrecht kaum bekannt, steht dieses Herrenhaus typologisch mit seinen dortigen vorstädtischen Landhäusern in Zusammenhang: eine baugeschichtliche Besonderheit, die den Zug großbürgerlicher Familien auf das Land belegt.

Unter den Gutsanlagen des Klassizismus steht die Begüterung von Burg Schlitz völlig singulär da. Nachdem seit 1791 die infrastrukturelle Sanierung des vordem maroden Agrarbetriebes tatkräftig vorangetrieben worden war, konnte ab 1806 bzw. 1812 an die Bauausführung des herrschaftlichen Wohnkomplexes gedacht werden. Der dazugehörige ca. 60 Hektar große Landschaftspark enthielt ursprünglich 36 Denkmäler und Staffagebauten, deren Sinngehalt in später Nachfolge vom Dessau-Wörlitzer Gartenreich steht. Zusammen mit den einstigen Sammlungen und eingedenk der aufklärerisch geprägten Maximen des Bauherrn, war hier über Jahrzehnte hinweg ein Gesamtkunstwerk entstanden, das aufs Neue entdeckt sein will.

Als fürstliche Auftragswerke entstanden die Wohn- und Gesellschaftsbauten der Sommerresidenz von Doberan-Heiligendamm, für die seit 1801 Severin der leitende Baumeister war. Jenem Vorbild folgend, ließ Fürst Malte von Putbus nach seiner Standeserhöhung den gleichnamigen Ort mit Lauterbach ab 1808 zu seiner Residenz, der jüngsten in Deutschland, ausbauen. In beiden Fällen entstanden Architekturensembles von Rang, die sich durch vergleichbare räumlich-funktionelle Ordnungsprinzipien – Verknüpfung von Fürstensitz und Badeort – auszeichnen. Typisch für jene Siedlungsbilder sind Straßen und Platzräume mit locker gruppierten, architektonisch individualisierten Baulichkeiten, die aber kompositorisch durch vermittelnde Grünanlagen zusammengehalten werden.

Neben solchen herausragenden Beispielen ländlicher bzw. fürstlicher Baukultur überwiegen natürlich die wesentlich bescheideneren Herrenhäuser und Gutsanlagen. Manches von dem ging in späteren Umbauten auf, anderes ist inzwischen verwahrlost, galt baugeschichtlich als uninteressant. Aber nur die Vielfalt aller, in ihrem architektonischen Anspruch außerordentlich differierenden Landsitze prägt das Bild einer historischen Kulturlandschaft. Da sich Interessantes allemal entdecken läßt, bleiben Kriterien zu mutmaßen, die spezifisch für eine Gutsanlage des Klassizismus sind. Um es vorwegzunehmen, anhand von Einzelbeispielen ist die Fragestellung zu bejahen und erklärlich durch die zeitgenössische Architekturtheorie und -praxis, wonach wissenschaftlich-technische, ökonomische und selbst soziale Argumente Einfluß auf das Bauschaffen erlangt haben. Ohne etwa ästhetische Grundsätze wie Proportionierung und Gliederung des Baukörpers zu verlachlässigen, stellte sich die Forderung nach rationellen, also kosten- und materialsparenden Bauverfahren nachdrücklich.

Fin Architekturverständnis also, das sich auch in der bewußten Hinwendung zur Backsteinbauweise selbst bei repräsentativeren Gebäuden gezeigt hat, wie die zeitgleichen Bemühungen Karl Friedrich Schinkels und anderer belegen. Insofern überrascht es nicht, bei einer Reihe um 1820/30 und später errichteter Herrenhäuser auf dieses Material zu stoßen. Nach dem Baudekor sind bei solchen Bauten zwei künstlerische Auffassungen beobachtbar. Einerseits wird der Backstein, wenngleich formvergröbert, dem bekannten architektonischen Vokabular des Klassizismus unterworfen, so die Beispiele Groß Viegeln und Appelhagen (1829). Die zweite Gruppe – die Herrenhäuser Rambow und Langhagen – weist eine merkwürdig „moderne" Formensprache auf, die jegliches Antikisieren vermissen läßt, ja auf spätere Architekturentwicklung zu weisen scheint.

Unter dem Aspekt der Materialökonomie verlor die Fachwerkbauweise nie an Aktualität, blieb aber – da wenig repräsentativ – überwiegend den Wirtschafts- und Nutzbauten vorbehalten. Das galt übrigens auch für die Katen, die in zeitgenössischer Lesart bereits unter dem Gesichtspunkt eines normierten, sozialen Mindestanforderungen genügenden Einheitshauses diskutiert worden sind.

Als Sonderform fanden im ersten Drittel des 19. Jahrhunderts zu Wirtschafts- wie Wohnzwecken nutzbare Rundbauten temporär Verbreitung. Sie galten – englischen Anregungen folgend und propagiert durch die damalige Agrarwissenschaft – als besonders kostengünstige und rationell nutzbare Baulichkeiten und entstanden ausnahmslos im Zusammenhang mit großangelegten Modernisierungen von Gutsbetrieben. Die inzwischen selten gewordenen, zudem später veränderten Beispiele in Fincken und Großen Luckow bzw. Warrenzin und Hof Mummendorf stellen agrargeschichtliche Baudenkmale von Rang dar.

Es fragt sich nun, ob die Gestaltungsprinzipien des Klassizismus auch die Raumordnungen der Gutsanlagen geprägt haben. Obwohl die traditionelle Rechteckform der Gutshöfe weiterhin dominieren sollte, hatten sich bei größeren Anlagen ja bereits seit dem Ende des 18. Jahrhunderts funktionellen Gesichtspunkten folgende Ordnungsprinzipien herausgebildet, die nun weitere Ausprägung fanden. Angeregt durch Raumvorstellungen des englischen Landschaftsgartens entstanden auf Ensemblewirkung abzielende Gutsanlagen, die durch Sichtachsen, Alleen und punktuell beigeordnete Nutzbauten und Vorwerke weitläufig mit der freien Natur verklammert waren. Als spätes Beispiel einer solchen räumlich-gestalterischen Verknüpfung gebührt der Besitzung Weitendorf-Kaarz Beachtung, wo nach 1872 Gutshof und repräsentativer Wohnsitz unter agrarwirtschaftlichen, verkehrstechnischen und landschaftsgestalterischen Kriterien zu einer Einheit ausgebaut worden sind. Seine „klassische" Ausprägung fand dieses Prinzip freilich in der Begüterung Karstorf–Burg Schlitz, läßt sich aber auch in Wedendorf und Tessin (1835) nachvollziehen.

Die mit der klassizistischen Architekturentwicklung verwobenen Rationalisierungsvorstellungen führten selbst zu solchen Überlegungen, daß im Vergleich zur herkömmlichen Hofform über fächerartigem Grundriß angelegte Gutsbetriebe effektiver zu bewirtschaften seien. Temporär tritt diese insgesamt selten gebliebene Lösung um 1820/30 in Klocksin, Rambow, Zurow, Wessin und Bömitz auf.

Alles dies berechtigt schließlich zu der Feststellung, daß klassizistische Architekturformen und Ordnungsprinzipien selbst auf so spezifische Bauaufgaben wie Gutsanlagen, Herrenhäuser und Residenzen Einfluß erlangt haben – Bauten, die bis heute in nicht unerheblichem Maße das Erscheinungsbild dieses Baustils hier im Nordosten mitbestimmen. Um 1850 waren die formal-gestalterischen Möglichkeiten des Klassizismus erschöpft. Wiederum vollzog sich der Umbruch zur historistischen Architektursprache der zweiten Jahrhunderthälfte nicht abrupt. Vielmehr folgt der Vanselower Daniel-Bau (1871) noch einmal spätklassizistischen Formvorstellungen bzw. waren tudorgotische Baumotive schon relativ früh aufgetreten, so etwa beim Durchbau von Schloß Basedow (1837) und den neuaufgeführten Herrenhäusern Schlemmin (1846) und Charlottenthal (1843). Auftragswerke der Berliner Architekten Friedrich August Stüler und Eduard Knoblauch bzw. des Mecklenburgers Theodor Krüger, der seinen späteren künstlerischen Ruhm als Kirchenbaumeister des Schweriner Großherzogtums begründen sollte. Basedow stellt etwas Besonderes dar, weil hier zeitparallel nicht nur das gesamte Ortsbild in tudorgotischen Formen umgestaltet, sondern das gesamte Gutsdorf in seiner räumlich-funktionellen Struktur so überarbeitet worden ist, daß Reminiszenzen an eine roman-

Basedow

tische Residenz en miniature nicht abwegig scheinen. Ausgedehnte Parkanlagen, die übrigens auf Entwürfe von Peter Joseph Lenné
zurückgehen, verknüpfen die locker gruppierten Bauten und Funk-
tionsbereiche zu einer in sich geschlossenen Siedlung, deren Weich-
bild fließend in die freie Landschaft übergeht.

Auf die komplizierte Architekturdiskussion seit der Mitte des
19. Jahrhunderts und die vergebliche Suche nach einem zeitgemäßen
„Stil" kann hier nur verwiesen werden. In den Sog der beginnenden Industrialisierung geraten und damit gezwungen, sich mit grund-
legenden wissenschaftlich-technischen, ökonomischen wie sozialen
Veränderungen auseinanderzusetzen, zeigte sich das Baugeschehen
fortan durch einen bezeichnenden Widerspruch geprägt: dem Festhalten an historischen Formvorstellungen einerseits und andererseits ein Reagieren auf jene neuartigen Bedingungen. Vereinfacht
gesagt, für die reale Bauaufgabe leitete sich hieraus ein mit Elementen von Neogotik, Neorenaissance oder Neobarock bekleidetes

Schloß Schwerin

Architekturwerk ab, handelte es sich etwa um repräsentative Bauvorhaben, während die mehr und mehr vom historischen Dekor ent-
kleideten Nutzbauten auf material- und zweckgerechte Bauformen
reduziert wurden. Vor diesem Hintergrund ist die Baugeschichte vom
Schweriner Schloß (1843/57), einem der bedeutendsten Bauwerke
des Historismus in Deutschland, ebenso zu sehen wie die großzügige Neuordnung von Gutsanlagen.

In seiner romantischen Großartigkeit wird der Schweriner Fürstensitz zu gerne mit einem Märchenschloß verglichen. Seine Insellage und damit Korrespondenz zur Seenlandschaft sowie der räum-
lich-gestalterische Kontext zu Schloßpark und Residenzstadt mit ihren
nächstgelegenen Repräsentationsbauten am „Alten Garten" verleihen
dem Gesamtensemble ein Flair, das an kühnste Architekturphantasi-
en zeitgenössischer Künstler erinnert. Der stark zergliederte Schloßkomplex zusammen mit seinen immer noch bemerkenswerten Innendekorationen erweckt – völlig beabsichtigt – den Eindruck eines
scheinbar historisch gewachsenen Renaissancebaus. Stilistisch orientieren sich die einzelnen Trakte an so heterogenen Elementen wie
den Loire-Schlössern und mecklenburgischen Johann-Albrecht-Bauten
sowie Piloots einstigen Umbauplänen, ganz abgesehen vom neogotischen Chor-Anbau der Schloßkapelle. Programmatisch erweist sich
das Bauensemble – ausgeführt nach Plänen von Georg Adolph Demmler, Hermann Willebrand, Stüler sowie beraten durch Gottfried Semper – als ein Bilderbuch, das mit Architekturzitaten die jahrhundertealte Verknüpfung zwischen Land und Fürstenhaus und damals ange-
strebter Staatsidee illustriert.

Renaissanceformen erfreuten sich ferner bei repräsentativen
Landsitzen einer bemerkenswerten Beliebtheit. Landschaftsgestalterisch zumeist sehr geschickt eingebunden, können solche Archi-
tekturkompositionen außerordentlich stimmungsvoll wirken, ja
faszinieren wie Klink (1897/98) oder Ralswiek (1893/94). Aber auch
in Bernstorf (1879/82) und Groß Lüsewitz (1897) haben sich – Entwürfen von Georg Daniel bzw. Gotthilf Ludwig Möckel folgend – ansehnliche Beispiele erhalten.

43

Im Gegensatz dazu lassen die zeitparallelen ländlichen Verwaltungsbauten und Wirtschaftsanlagen aufwendigen Baudekor vermissen. Dennoch bleibt aber die gesuchte Ensemblewirkung unübersehbar, ist allen Gebäuden doch eine sorgfältige bautechnische Ausführung und ausgewogene Proportionierung gemeinsam. Als treffliches Beispiel solcher Wirtschaftshöfe gilt Göhren/Strelitz, selbst wenn das Herrenhaus als kriegsbedingter Verlust zu beklagen ist. Trotz späterer Eingriffe blieben auch in Dalwitz und Vanselow ähnliche Raumeindrücke gewahrt. Aus diesem Architekturverständnis fallen die leider viel zu wenig beachteten Bristower Wirtschaftsbauten völlig heraus. Hier waren in handwerklich vorzüglicher Ausführung eine Reihe von Gutsbauten entstanden, deren Volutengiebel sich stilistisch recht eng an den Renaissanceformen der 1597 fertiggestellten Dorfkirche orientieren.

Die bunte architektonische Vielfalt der Herrenhäuser in Mecklenburg-Vorpommern wird – soviel läßt sich sagen – ganz entscheidend durch die Formensprache des Historismus mitgeprägt, so daß sich eine Entdeckungsreise zu weniger Bekanntem allemal lohnt.

Auf einen der damaligen Architekten bleibt aber besonders zu verweisen, den Schinkelschüler Friedrich Hitzig. Seine hier erhaltenen Bauwerke, die Schlösser Bredenfelde (1855, Ruine), Hohendorf (1854), Kartlow (1853/58), Kittendorf (1848/53) und Neetzow (1848/51) gleichen Prismen, in denen sich die Kunstvorstellungen des Historismus beispielhaft brechen. Es sind vielgliedrig gestaffelte, über einem asymmetrischen Grundriß errichtete Anlagen, deren Erscheinungsbild wesentlich durch beherrschende Türme mitbestimmt wird. Das gesuchte Anknüpfen an die Romantik mittelalterlicher Burgen und englischer Landsitze bleibt dabei unübersehbar. Ein Eindruck, der durch umfangreiche Parkanlagen, denen in Bredenfelde und Kartlow sogar Entwürfe Lennés zugrundeliegen, nur noch unterstrichen werden konnte. Nun wäre es aber sicher falsch, diese und ähnliche Bauvorhaben losgelöst von den damaligen strukturellen Veränderungen in der Landwirtschaft sehen zu wollen. Sie sind vielmehr als Projekte zu deuten,

44

die gleichermaßen in ästhetische wie ökonomische Zielsetzungen eingebettet waren.

Neue gestalterische Möglichkeiten ergaben sich erst nach 1890, als die bisherige Bindung an historische Stile aufzubrechen begann. Was das ländliche Bauaufkommen anbelangt, sollten sich nun dem Historismus künstlerische Auffassungen des Jugendstils, vorrangig aber Positionen des Heimatstils und gelegentlich Vorstellungen der am norddeutschen Backsteinbau orientierten Reformarchitektur beiordnen. Selbst jene Baugesinnung, die aus Formvorstellungen des „wiederentdeckten" Klassizismus schöpfte, hinterließ baukünstlerische Spuren. Das Neben- und Miteinander so unterschiedlicher Konzeptionen bereichert das architektonische Gesamtbild der Zeit unmittelbar nach der Jahrhundertwende außerordentlich, wie die Beispiele Klein Kubbelkow (1908) und Libnitz (1912) auf Rügen bzw. Damshagen (1913/14) belegen. 1928 wurde das abgebrannte Herrenhaus Gremmelin wiedererrichtet, das trotz seiner Anempfindung an den klassizierenden Vorgängerbau im Detail die Bekanntschaft mit Elementen der gemäßigten „Moderne" nicht verleugnet.

Es sind die Bauten des einst in Mecklenburg und Pommern sehr gefragten Paul Korff, die recht anschaulich damalige Reformbestrebungen im architektonischen Schaffen dokumentieren. Stilistisch aus den Quellen von Jugendstil, purifiziertem Neobarock sowie Heimatstil genährt, entstanden nach seinen Plänen nicht nur eine Reihe so vornehm verhaltener Herrenhäuser wie das zu Hasenwinkel (1911/12), sondern auch eine erstaunliche Anzahl von landwirtschaftlichen Nutzbauten, ja komplette Gutsanlagen wie in Wendorf/Crivitz (1906) und Badow (1913/14). Bei allen diesen Bauvorhaben wurde auf modernen technischen Komfort sehr viel Wert gelegt und bei den Wohnbauten galt der meist zweigeschossigen Halle als funktionellem Mittelpunkt des Hauses stets ein besonderes Augenmerk. Den reformerischen Auffassungen gemäß, galten auf die jeweilige Bauaufgabe abgestimmte Garten- und Parkgestaltungen für unverzichtbar und sind deshalb ungemein sorgfältig ausgeführt worden.

Nach dem Ende des Ersten Weltkrieges änderte sich die Auftragslage auch im ländlichen Baugeschehen – Weltwirtschaftskrise und dann die angespannten dreißiger Jahre boten keine Voraussetzungen mehr zur Ausführung von größeren Bauvorhaben. Zum vollständigen Traditionsabbruch führte schließlich das Schicksalsjahr 1945, mit dem sich auch die Situation der Schlösser, Herrenhäuser und Gutsanlagen abrupt ändern sollte – mit allen bitteren Akzenten geschichtlicher Erfahrungen seither! Denn immerhin war die Landwirtschaft hier wie überall östlich der innerdeutschen Grenzziehung im Verlauf nur weniger Jahrzehnte drei tiefgreifenden Strukturveränderungen unterworfen – so die rigorose Bodenreform 1945, dann die problematische Kollektivierung seit 1952 und nun die gravierenden Umstrukturierungen seit 1990. Ideologisch diskreditiert und schon deshalb baulich so gut wie nicht mehr unterhalten, verkamen die Herrenhäuser nach dem Zweiten Weltkrieg meist zu völlig überbelegten Notunterkünften für abertausende Flüchtlinge und Vertriebene, um schließlich als „ausgewohnt" verlassen zu werden. Dann war es nur noch eine Frage der Zeit, daß solche Häuser demontiert wurden, in sich zusammenfielen und schließlich zu Wüstungen gerieten, wie beispielsweise Pansevitz und Poissow auf Rügen. Abbrüche wie in Hülseburg, die nach Befehl 208 der Besatzungsmacht zur Gewinnung von Baumaterial für Neubauernhöfe statthaft waren, sind wegen der katastrophalen Wohnungsnot allerdings selten geblieben. Wenig bekannt ist, daß 1946 und 1951 zunächst 19, dann 21 für bau- und kunstgeschichtlich wertvoll erachtete Schlösser und Herrenhäuser unter Schutz gestellt worden sind, was freilich die spätere Verwahrlosung von Rossewitz und Goldenbow nicht verhindert hat. Auch die Gutsanlagen erlitten seit 1945 empfindliche Substanzverluste. Wurden sie jüngst noch mit Bauten belegt, die den Ansprüchen an eine industriell betriebene Feld- und Viehwirtschaft genügen mußten, scheint nun eine Weiter- oder Umnutzung von historischen Wirtschaftsbauten unter den Bedingungen moderner Landwirtschaftsmethoden nahezu ausgeschlossen.

Überhaupt entsteht der Eindruck, daß kurzsichtige Vermarktungskampagnen den baulichen und strukturellen Altbestand gefährden, was aber letztlich einem Verlust von charakteristischen Zeugnissen der Landesgeschichte gleichkommt. Desto mehr wiegen also solche Beispiele, wo diese Baudenkmale durch behutsame Nutzungskonzeptionen für die Zukunft bewahrt bleiben: Herrenhäuser, die sich dem sanften Tourismus öffnen, sich nach denkmalgerechter Sanierung zu Wohnzwecken empfehlen oder als Hort der Musen bei Kunstfreunden und Musikliebhabern inzwischen eine Adresse sind und dem dörflichen Siedlungsbild wieder individuelle Akzente verleihen. Das zu erkennen, ist eine wichtige Voraussetzung für die Akzeptanz und damit den Umgang mit noch erhaltenen Herrenhäusern und Gutsanlagen, die in ihrer Summe aus Vielzahl und Vielgestalt ein prägendes Element der Kulturlandschaft Mecklenburg-Vorpommern darstellen.

> *Nichts gedeiht ohne Pflege;*
> *und die vortrefflichsten Dinge*
> *verlieren durch unzweckmäßige*
> *Behandlung ihren Wert.*
>
> *Peter Joseph Lenné*

Grömitz

Ostseebad
Kühlungsborn

Ostseebad
Rerik

Kröpelin

O S T S E E

Lübecker Bucht

Ostseebad
Boltenhagen

Poel

Neubukow

Klütz

Wismar-

Züsow

Dassow

bucht

Wismar

2 G

Grevesmühlen

Neukloster

Dorf
Mecklenburg

Schönberg

Warin

Rehna

Mühlen
Eichsen

4

Hasenwinkel

Brüel

Gadebusch

Schweriner
See

7 Kaarz   S

Schaalsee

6 Wendorf

3 **Schwerin**

5 Basthorst

Warnow

Crivitz

Zarrentin

Wittenburg

Störkanal

Elde

Hagenow

Neustadt-
Glewe

Schaale

Pritzier

Wöb-
belin

8 Redefin

9 Ludwigslust

Neuhaus

Lübtheen

Zierzow

Jessenitz

Grabow

Elbe

Elde-Kanal

Westmecklenburg

1. Doberan-Heiligendamm
2. Gnemern
3. Schwerin
4. Hasenwinkel
5. Basthorst
6. Wendorf/Crivitz
7. Kaarz
8. Redefin
9. Ludwigslust

© L&H Verlag Hamburg/Kontur

Warnemünde
bad
ndamm
eran
Sanitz
Rostock
Schwaan
Laage
ow
Dargun
Neukalen
Güstrow
Thürkow
Kummerower See
Vietgest
Teterow
Malchin
Ganschow
Burg Schlitz
Schorssow
Reuterstadt Stavenhagen
Malchiner See
Krakow am See
Ziddorf
Dobbertin
Krakower See
Bossow
estlin
Domäne Neu Gaarz
Varchentin
Goldberg
Groß Plasten
Karow
Plauer See
Fleese-see
Kölpinsee
Waren
Lübz
Malchow
Klink
him
Plau
Göhren-Lebbin
Müritz
Stuer
Röbel
Altenhof
Fincken
arnitz
Meyenburg
Mirow
Freyenstein
Schwarz
r a n d e n b u r g

1 Doberan-Heiligendamm

Die Geschichte reicht hier bis ins Jahr 1186 zurück, der Wiederbe-
gründung eines Zisterzienserklosters durch Heinrich Borwin I., einem
Sohn des obotritischen Fürsten Pribislaw. Jedem Kunstfreund ist die
hochgotische Klosterkirche ein Begriff, zählt sie doch zu den schönsten im Backsteingebiet, ganz abgesehen von ihrer rangvollen litur-
gischen Ausstattung. Größere Bedeutung erlangte Doberan erst wieder, nachdem im nahen Heiligendamm 1793 das erste deutsche Seebad eröffnet worden war und der Schweriner Hof hier eine Sommerresidenz anlegen ließ. Die in der Folgezeit entstandenen klassizistischen Wohn-, Gesellschafts- und Kurbauten bestimmen das
Ortsbild bis heute und lassen die städtebauliche Absicht recht deut-
lich erkennen.
Den Mittelpunkt der Neubebauung bildet ein annähernd dreiecki-
ger Platz, der Kamp, dessen Seiten repräsentative, locker aneinandergereihte Bauten säumen: einstiges Schauspielhaus (1806, von
Carl Theodor Severin, 1888/89 durch den Gymnasiumsbau von Gotthilf Ludwig Möckel ersetzt), Logierhaus (1793, von Johann Christoph Heinrich v. Seydewitz), Salongebäude (1802, von Severin,
Festsaal von 1819/21) und Großes Palais (1806/09, von Severin,
ovaler Gartensaal mit bauzeitlichen Bildtapeten aus der Pariser
Manufaktur Dufour). Nördlich wird die Platzbebauung durch das
„Haus Medini" (1825, von Severin) bestimmt und im Süden durch
eine Gruppe von Wohnbauten, von denen das Prinzenpalais (1810/12,
von Severin) und „Haus Gottesfrieden" (1823/24, von Severin) –
zwei einander gegenüberliegende und durch gemeinsame Archi-
tekturmotive in Korrespondenz gesetzte Bauten – den Zugang
zum Kamp mit einer verhalten festlichen Note vermitteln. Der Kamp
wurde bereits seit 1793 parkähnlich gestaltet und später durch
zwei der Chinamode verpflichtete Pavillonbauten (1808/09 bzw.
1810/13) bereichert. In der weiteren Ortsentwicklung entstand westlich vom Kamp ab 1820 als eigentliches urbanes Zentrum der
Neue Markt, wenngleich unter wesentlich sparsamerem Bau-
aufwand.

50

Der Weg nach Heiligendamm führt an der Pferderennbahn (1823) vorbei, eine der ältesten dieser Art in Europa. Den architektonischen Höhepunkt des Seebades stellt unfraglich das Kurhaus (1814/16, von Severin) dar, doch bleibt auch auf die Cottagen (um 1839, von Georg Adolph Demmler) und weitere klassizistische Bauten hinzuweisen.

ROSENHAGEN Klassizistisches Herrenhaus nach Entwürfen von Carl Theodor Severin.

HOIIEN LUCKOW Baugeschichtlich bemerkenswertes Herrenhaus (1707/08), dessen Festsaal („Rittersaal") üppige, vielleicht von italienischen Meistern geschaffene Stukkaturen aufweist. Beeindruckende, noch relativ geschlossene Gutsanlage mit Wohn- und Nutzbauten aus dem 19. und 20. Jahrhundert.

Hohen Luckow

2 Gnemern

Ein kleines Schloß mit besonderem Charme. Seine Geschichte läßt sich bis ins 13./14. Jahrhundert zurückverfolgen, angelegt als Wasserburg, deren Grabensystem teilweise erhalten blieb. 1676 beschädigte ein Brand den mittelalterlichen Wohnbau, der unter Einbeziehung älterer Teile in schlichten Formen 1682/85 wiederhergestellt worden ist. Von jenem Vorgängerbau stammt ein kapellenartiger Raum mit schönem spätgotischen Netzgewölbe.

KURZEN TRECHOW Einstige Wasserburg, deren Wohnbau Ende des 16. Jahrhunderts in sauber geschichtetem Feldsteinmauerwerk errichtet und 1601 durch einen Annex mit Volutengiebel erweitert worden ist.

STELLSHAGEN In hanseatisch–vornehmer Zurückhaltung präsentiert sich das Herrenhaus Stellshagen. Der 1924 nach Entwürfen des Architekten Hans Bach errichtete Landsitz orientiert sich stilistisch am Vorbild damaliger Hamburger Villenbauten und ist 1995/96 umfassend rekonstruiert worden.
Die künstlerische Einheit von Landschaftsraum, Architektur und Parkanlage folgt Gestaltungsmustern der Gartenreformzeit.

Stellshagen

WISMAR Fürstenhof (sog. „Neuer Hof") – ein bedeutender deutscher Renaissancebau – mit rechteckig vorspringendem Treppenturm und reichem, teils szenischem Terrakotta- und Sandsteindekor entstand 1553/56 nach Plänen von Gabriel van Aken und Valentin von Lira nach oberitalienischen Vorbildern, 1877/78 eingreifend erneuert. Sehenswerte einstige Hansestadt mit kostbaren Sakral- und Profanbauten.

GADEBUSCH Einstige Residenz mecklenburgischer Herzöge anstelle einer 1181 ersterwähnten Burg. Der Wohnbau mit rechteckig vorspringendem Treppenturm und reichen, teils szenischen Terrakottareliefs aus der Werkstatt des Statius van Düren entstand 1571 nach Plänen von Christoph Haubitz, 1903 verständnisvoll restauriert. Sehenswerte spätromanische Stadtkirche mit reicher Ausstattung.

PLÜSCHOW Barockes Herrenhaus (Backsteinbau, 1758/63) mit erhaltenen Innendekorationen.

3 | Schwerin

An die Neugestaltung dieses Fürstensitzes (1843/57) war von vornherein der hohe Anspruch geknüpft, mit architektonischen Mitteln ein Monument der Erinnerung zu formen, das vom Fortwähren historischer Kontinuitäten zu künden habe. So gedeutet, wird letztlich auch die gezielte Auswahl bestimmter stilistischer Elemente verständlich. Die Ursprünge der jetzigen Anlage gehen auf eine bereits 1018 ersterwähnte slawische Burg zurück. Mehrfach überbaut, war hieraus schließlich ein unregelmäßiger Gebäudekomplex von fünf Flügeln entstanden, dessen architektonisches Erscheinungsbild die Renaissancetrakte des 16. und 17. Jahrhunderts entscheidend mitgeprägt hatten. An dieser, aus italienischen, niederländischen und deutschen Quellen

Schloß Schwerin

gespeisten Stilistik und angeregt durch das Vorbild der Loire-Schlösser, hatte sich die seit 1842 vorgesehene Überarbeitung des alten Bauwerks zu einem stadtbildprägenden Monumentalbau zu orientieren, gewissermaßen in Fortführung gewichtiger lokaler, nationaler und europäischer Bautraditionen. Im architektonischen Zusammenspiel mit ausgewählten Dekorationsstücken – so der donjonähnliche Hauptturm, das neogotische Chorpolygon der Schloßkapelle sowie der stadtseitige Portalflügel, motivisch eine Synthese von Triumphtor und Ruhmeshalle – zeigt sich eine Programmatik, die den romantischen Vorstellungen des 19. Jahrhunderts von einer Fürstenresidenz entspricht. Unter dieser Voraussetzung entstand nach Plänen von Georg Adolph Demmler, Hermann Willebrand und Friedrich August Stüler sowie beraten durch Gottfried Semper und beeinflußt durch den Bauherrn selbst, Großherzog Friedrich Franz II., zusammen mit der prächtigen Innenausstattung und den kunstvollen Grünanlagen von Burggarten und Schloßpark ein Kunstwerk von seltener Geschlossenheit, das zu den großartigen Leistungen des Historismus zählt.

Hasenwinkel

4 Hasenwinkel

Zu den bekannten Korff-Bauten in Mecklenburg-Vorpommern zählt Schloß Hasenwinkel (1911/12), eine Architekturschöpfung ganz eigener Art. Ihre einmalige ästhetische Wirkung erklärt sich aus der Einheit von Haus und Garten, einer ganz wesentlichen Forderung damaliger Reformbestrebungen. Angeregt durch klassische Vorbilder, entfaltet sich hier eine Raumlösung, die optisch – von der Straße her – an das Guckkastenprinzip erinnert. Durch einen Zaun von filigraner Durchsichtigkeit gleitet der Blick ungehindert über das von Baumreihen kulissenartig eingefaßte Gartenparterre, das in der Tiefe durch den ruhig lagernden und nur dezent gegliederten Wohnbau verriegelt wird. Diese unfraglich barocke Reminiszenz ist typisch für Korffs Schaffen vor dem Ersten Weltkrieg. Dennoch, in der sehr sorgfältigen Bauausführung offenbart sich ein Funktions- und Materialdenken, das Einsichten in die Grundsätze der Reformarchitektur unbedingt voraussetzt.

5 | Basthorst

Am Glambecksee, abseits der großen Straßen gelegen, gilt dieses
kleine Schloß als Insider-Adresse: Hier wird modernes Kunstschaf-
fen präsentiert.

Das sehr malerisch wirkende, von einem Landschaftspark umschlun-
gene Gebäudeensemble geht auf das 1824 zusammen mit der Gutsanlage errichtete Herrenhaus zurück, einen zurückhaltend gegliederten, backsteinsichtig belassenen klassizistischen Bau. An diesen Kern fügen sich die späteren Erweiterungen aus der Zeit nach
1900 an. Ihre kraftvolle, materialbetonte, aus traditioneller hand-
werklicher Bautechnik entwickelte Formensprache läßt künstlerische
Positionen der am Backsteinbau orientierten Reformarchitektur erkennen.

Basthorst

6 | Wendorf/Crivitz

Seltenes Beispiel einer völlig neu projektierten Dorfanlage vom Beginn des 20. Jahrhunderts. Um das Herrenhaus, einen bewegten Baukomplex mit Anklängen an den „Burgenstil", gruppieren sich umfangreiche Wohn-, Verwaltungs- und Wirtschaftsbauten, deren Stilistik den Ideen des Heimatstils verpflichtet ist – fertiggestellt 1906 nach Plänen von Paul Korff. Der in großen Zügen erhaltene Park wurde nach Entwürfen von Richard Hoemann, einem Düsseldorfer Gartenarchitekten, angelegt.

GUSTÄVEL Barockes Herrenhaus (1756) mit später stumpfwinklig angesetzten Flügelbauten, eine in Mecklenburg-Vorpommern selten anzutreffende Baugestalt. Von der aufwendigen Gutsanlage des ausgehenden 19. Jahrhunderts ist ein in neoromanischen Formen aufgeführtes Stallgebäude besonders sehenswert.

7 | Kaarz

Im Warnowtal verbindet eine immer noch prachtvolle Kastanienallee die Orte Kaarz und Weitendorf miteinander. Man muß es schon wissen, daß hier am Ausgang des 19. Jahrhunderts noch einmal im großen Stil landschaftsgestalterisch geplant worden ist, denn im Sinne eines agrarischen Großbetriebes standen beide Siedlungen einst in engem räumlich-funktionellen Zusammenhang. Der Gutshof-Charakter blieb Weitendorf bis heute eigen. Einige der Nutzbauten lassen sich auf 1881 datieren. Kaarz dagegen war als abgesetzter herrschaftlicher Wohnsitz mit spezifischen Nebenbauten konzipiert. Unter geschickter Ausnutzung des bewegten Geländereliefs wurden das phantasievolle, schloßartige Herrenhaus (1873, nach Plänen der Berliner Architekten Saniter und Becker)

Kaarz

sowie Marstall (1907, nach Entwürfen von Paul Korff), Försterei, Mausoleum – ein übrigens ganz bemerkenswerter Neorenaissance-bau – und bescheidene Leutehäuser einer sehr sorgfältig ausge-führten Parkgestaltung (1873, nach Ideen von C. Ansorge) ensem-bleartig zugeordnet.

LEHSEN Künstlerisch hervorragendes klassizistisches Herrenhaus mit Portikusmotiv (1822) nach Plänen von Joseph Christian Lillie. Enge stilistische Verwandtschaft zu den Herrenhäusern Schönfeld (1820) und Pritzier (um 1825).

BADOW Das alte, wiederholt überformte Herrenhaus erhielt 1903 nach Entwürfen von Paul Korff seine jetzige Baugestalt in barocki-sierenden Formen. In seltener Vollständigkeit blieben die Wirt-schaftsbauten der einstigen Gutsanlage erhalten, deren Stilistik sich an künstlerischen Postionen des Heimatstils orientiert.

8 | Redefin

Dieses alte mecklenburgische Landgestüt wurde ab 1819 nach Plänen von Carl Heinrich Wünsch angelegt. Eine reizvolle, parkähnlich eingebettete klassizistische Anlage nach Gutshofschema. Symmetrisch gestaffelt, gruppieren sich um einen „Paradeplatz" Wohn- und Verwaltungsbauten bzw. Stallanlagen mit der einstigen Reithalle als Kopfbau. Die „Lange Reihe", eine Zeile einfacher Fachwerkbauten, diente den Familien der Gestütsangestellten als Unterkunft.

LÜBTHEEN Einstiger Marktflecken mit klassizistischem Kirchbau (1817/20) sowie zeitgleichen Wohnbauten.

NEUSTADT-GLEWE Neues Schloß: Baubeginn 1616/19 nach Plänen von Ghert Evert Piloot, Fertigstellung 1711/17 unter der Leitung von Leonhard Christoph Sturm. Streng symmetrische Dreiflügelanlage mit kleinem Ehrenhof in den Formen französischer Palastarchitektur. Im Erdgeschoß reiche Stukkaturen, Arbeiten von Giuseppe Mogia und Andrea Maini – um 1715 – erhalten.

9 | Ludwigslust

Die Geschichte dieser Residenz beginnt 1724, als der Schweriner Herzog Christian Ludwig im damaligen Dörfchen Klenow ein Jagdhaus errichten ließ, das bis 1735 nach Entwürfen von Johann Friedrich Künnecke zu einem mehrteiligen Schloßkomplex in Fachwerkbauweise erweitert worden ist und Voraussetzung für erste gärtnerische Anlagen bot. 1754 erfolgte die Umbenennung des Ortes in Ludwigslust, und 1764 verlegte sein Sohn und Nachfolger Herzog Friedrich seine Hofhaltung auf Dauer hierher. Der

großzügige Ausbau des vormaligen Sommersitzes zur planmäßig
angelegten Hauptresidenz des Schweriner Landesteils stand seit
1758 unter der Leitung von Johann Joachim Busch.
Den Auftakt bildete ein bis 1760 fertiggestelltes Kanalsystem mit
mannigfaltigen Wasserkünsten, das also nicht nur als Transportweg
für Baumaterial diente, sondern den Schloßpark um wichtige gestalterische Elemente bereichern sollte. Unter Berücksichtigung von
schon Vorhandenem entstanden in streng axialer Ausrichtung und
mit der großartigen Kaskade als Kernstück in den Jahren 1764/76
die Wohnbauten von Bassin- und Kirchplatz, zwischen denen Alleen
die räumliche Korrespondenz vermitteln, sowie das Neue Schloß
(1772/76) mit der als point de vue aufgefaßten Schloßkirche
(1765/70). Tangential stößt an dieses Areal die gleichzeitig angelegte und auf die Schloßfassade bezogene Schloßstraße, die durch

Schloß Ludwigslust

kleine Platzräume rhythmisiert ist. Von diesen Achsen ausgehend, vollzog sich die spätere städtische Bebauung.

Das Ludwigsluster Schloß ist ein dreigeschossiger sandsteinverkleideter, über einem E-förmigen Grundriß errichteter, dem sogenannten „Klassizistischen Spätbarock" zuzurechnender Monumentalbau mit Mezzanin und hoher Attika, dessen schmale Seitenflügel ebenso wie der überhöhte Mittelteil parkseitig vorgezogen sind. Auf der Attika stehen zwischen Ziervasen 40 überlebensgroße, von Rudolph Kaplunger gearbeitete Plastiken, die die Personifikationen von Wissenschaften, Künsten und Tugenden darstellen. Die ursprüngliche Raumfolge mit Dekorationen in Rokoko- und Zopfstil ist im Hauptgeschoß noch erhalten und kulminiert im „Goldenen Saal". Die einstigen Wohnräume des Westflügels zeigen Raumgestaltungen im Empire- und Biedermeierstil.

Nördlich und westlich vom Schloß schließt sich eine weitläufige Parkanlage an: Auf einer Fläche von 125 Hektar verschmelzen Elemente barocker Gartengestaltung mit denen eines Landschaftsparks, um schließlich in ein über 680 Hektar großes Waldgebiet überzugehen. Die Parkgestaltung geht auf 1852 von Peter Joseph Lenné erarbeitete Pläne zurück und gilt als Meisterwerk seiner Spätphase. Unter den Parkarchitekturen sind hervorzuheben die 1803/09 in neogotischen Formen nach Ideen von Johann Heinrich v. Seydewitz errichtete katholische Kirche St. Helena sowie die klassizistischen Mausoleen für die Fürstinnen Helene Paulowna (1804/06) und Luise (1809) nach Entwürfen von Joseph Christian Lillie bzw. Georg Barca.

Entschiedenes Interesse gebührt auch der Schloßkirche mit bauzeitlicher Ausstattung, da sich hier bereits klassizistische Positionen bekunden. Ihre breit gelagerte, statuenbesetzte Schaufront wird geprägt durch einen Mittelgiebel, der sich einem übergeordneten Stufenaufbau mit bekrönendem Christogramm einschiebt. Eine Synthese von Triumphtor- und Denkmalmotiv, die ihre höchste künstlerische Vollendung wenig später im Brandenburger Tor (1788/91) des Karl Gotthard Langhans fand.

Reisehinweise

Aus der sanften, weiten Landschaft im Westen Mecklenburgs tauchen zwischen Seen und Wäldern immer wieder historische Städte und ehemals herzogliche Residenzen auf. Die Macht und das Selbstbewußtsein der Bürger zur Hansezeit kommt in den Städten mit den großen Stadtkirchen und in ihren Rats- und Patrizierhäusern zum Ausdruck. Die Villen in den Seebädern spiegeln die jahrhundertealte Badekultur und die Lebensgewohnheiten der Herrschaften wider – noble Sommerfrische an der Ostsee. Kilometerlange Sandstrände und das blaugrüne Meer laden zum Baden ein.

Seine große Blüte hatte Rostock, dessen Geschichte von Schifffahrt und Handel bestimmt war, im 14. und 15. Jahrhundert. Heute ist die Stadt am Ufer der Unterwarnow mit nahezu einer Viertelmillion Einwohnern die bevölkerungsreichste Stadt Mecklenburg-Vorpommerns. 1161 ist erstmals von einer Burg „Roztoc" die Rede, in deren Umkreis drei eigenständige Siedlungen entstanden. Diese drei noch heute erkennbaren Siedlungen vereinten sich (1262-65) und umgaben sich mit einer starken Mauer. Rostock wurde eine der bedeutendsten Hansestädte im Ostseeraum. Noch Mitte des 19. Jahrhunderts besaß sie die drittgrößte Segelschiff-Flotte Deutschlands. Im Zweiten Weltkrieg wurde die Stadt als Sitz der Heinkel-Flugzeugwerke schwer bombardiert. 1957 wurde mit dem Bau des Überseehafens begonnen. Das sogenannte „Tor zur Welt" blieb allerdings für die meisten DDR-Bürger verschlossen.

Besonders sehenswert sind die Gebäude rund um den Neuen Markt: das Rathaus mit einer von sieben Türmchen gekrönten Backsteinfassade, die mächtige Marienkirche und die Giebelhäuser. Das Hauptgebäude der Universität ziert der – für diese Region typische – Terrakottaschmuck.

Dort, wo die Warnow in die Ostsee mündet, liegt Warnemünde. 1323 kaufte die Stadt Rostock dem Fürsten Heinrich von Mecklenburg das Fischerdorf ab. Ein Spaziergang entlang des Alten Stroms, an dem vor allem Segelyachten vertäut liegen, führt zurück in die Zeit, als die ersten Badegäste hierher kamen. Die eingeschossigen Giebelhäuser mit vorgebauten Holzveranden waren schon damals charakteristisch für Warnemünde. Reminiszenzen an die alte Badezeit finden sich im Heimatmuseum (Theodor-Körne-Straße).

Von 1257 bis 1358 war Wismar die Residenz der mecklenburgischen Fürsten. Die Stadt gehörte zu den bedeutendsten Hansemitgliedern. Von der einstigen Macht und dem Wohlstand im 14. und 15. Jahrhundert erzählen viele Baudenkmäler. Sie alle überragt der 81 Meter hohe Turm der Marienkirche, der auch als nautischer Fixpunkt in den Seekarten eingetragen ist. Mittelpunkt der Stadt ist der Marktplatz, der größte Norddeutschlands, gesäumt von Giebelhäusern.

„Stadt der Seen und Wälder" nennt sich die Landeshauptstadt Schwerin, denn die für Mecklenburg charakteristische Landschaft ist bis in die Stadt hineingewachsen. Das Schloß, heute Sitz des Landtags von Mecklenburg-Vorpommern, steht auf einer Insel zwischen dem Burgsee und dem Schweriner See. Direkt vom Schloßgarten führt eine in Ufernähe verlaufende Promenade zum Badestrand. Die Stadt ist umgeben von sieben Seen.

Das rasterförmige Straßennetz von Sternberg weist auf die planmäßige Gründung des Ortes hin (um 1248) am gleichnamigen See. Am rechteckigen Marktplatz und in den angrenzenden Straßen beeindruckt die fast geschlossene Bebauung mit Fachwerkhäusern, die nach dem großen Stadtbrand 1741 entstanden. Typisch für die Häuser sind die als „Sternberger Brand" bezeichneten Verzierungen am Querbalken im ersten Geschoß. Im Rathaus tagte regelmäßig bis 1913 der mecklenburgische Landtag. Zuvor hatte das Parlament seine Beratungen an der Sagsdorfer Warnowbrücke, drei Kilometer von Sternberg entfernt, im Freien abgehalten.

Über Jahrhunderte dominiert in dem Städtchen Hagenow das Handwerk. Darüber informiert das Heimatmuseum, das

in einem der Fachwerkhäuser untergebracht ist. Sie bestimmen
das Stadtbild. Die backsteinerne Kirche mit vorgesetztem West-
turm wurde im Stil der Neogotik (1875-79) nach einem Entwurf
von Gustav Hamann erbaut. In den 70er Jahren trennte man das
Schiff ab und verwandelte es in zweigeschossige Wohnungen, Büros
und Gemeinderäume.

Im Schutz einer Burg der Grafen von Schwerin und in den schüt-
zenden Armen der Elde entstand um 1248 Neustadt-Glewe. Der Ort
besaß keine Stadtmauer, da der Fluß natürlichen Schutz bot. Heute
ist Neustadt-Glewe eine typische mecklenburgische Kleinstadt mit
vielen Fachwerkhäusern. Die schönsten, meist zweigeschossigen
Giebel- oder Traufenhäuser stehen in der Rudolf-Breitscheid-Straße.
Die backsteinerne „Alte Burg" ist ein gut erhaltener Wehrbau aus
dem 14./15. Jahrhundert. Sie genügte den Ansprüchen der mecklenburgischen Herzöge als Nebenresidenz allerdings nicht, und so
ließen sie sich ein Schloß bauen.

In Parchim saß der höchste Gerichtshof für die beiden mecklenburgischen Großherzogtümer, das Oberappellationsgericht. So
wurde 1818 das langgestreckte Rathaus vom Ludwigsluster Hof-
baumeister Johann Georg Barca zum Amtssitz. Auch der Präsident
des Gerichts ließ sich sein Haus in der Blutstraße 5/6, einen zweigeschossigen Putzbau, von Barca entwerfen. Sehenswert sind die
Fachwerkhäuser aus dem 16. und 17. Jahrhundert in der Langen
Straße und Auf dem Sassenhagen.

Auskunft

Fremdenverkehrsverband Schweriner Land/Westmecklenburg,
Alexandrinenplatz 5-7, 19288 Ludwigslust, Tel. 03874/57 19 92,
Fax 57 19 90.

Verband Mecklenburgische Ostseebäder, Kühlungsborner Straße 4,
18209 Bad Doberan, Tel. und Fax 038203/21 20.

Rostock: Information, Schnickmannstraße 13-14,
Tel. 0381/194 33, Fax 497 99.

Wismar: Information, Am Markt 11,
Tel. 03841/194 33, Fax 28 29 58.

Gadebusch: Informationsservice, Am Markt 1,
Tel. 03886/22 06.

Schwerin: Information, Markt 11,
Tel. 0385/592 52 12, Fax 56 27 39.

Sternberg: Fremdenverkehrsamt, Mühlenstraße 14,
Tel. und Fax 03847/45 10 12.

Hagenow: Information, Kirchenstraße 4,
Tel. 03883/72 90 96.

Ludwigslust: Information, Schloßfreiheit 8,
Tel. und Fax 03874/290 76.

Parchim: Stadtinformation, Lindenstraße 38,
Tel. und Fax 03871/21 28 43.

Museen

Rostocker Kulturhistorisches Museum, Kloster zum Heiligen Kreuz, Tel. 0381/45 59 13, Di-So 10-18 Uhr, Rostocker Stadtgeschichte, ständige Kunstausstellung.

Wismarer Stadtgeschichtliches Museum, Schweinsbrücke 8, Tel. 03841/28 23 50, Mai-Sept. Di-So 10-10 Uhr, Nov.-März Di-So 10-16.30 Uhr, Stadtgeschichte und mittelalterliche Kunst.

Gadebuscher Heimatmuseum, Schloßberg, Tel. 03886/71 18 64, Mo, Di 10-12, 13-15 Uhr, Mi, Do 10-12, 14-16 Uhr, 1. und 3. Wochenende Sa 14-16 Uhr, So 10-12, 14-16 Uhr, Stadt- und Heimatgeschichte, im Wechsel mit Galerieausstellungen.

Schweriner Staatliches Museum, Alter Garten 3, Tel. 0385/565738, 15. April-14. Okt. Di-So 10-18 Uhr, 15.Okt.-14. April Di-So 10-17 Uhr, größtes Kunstmuseum in Mecklenburg-Vorpommern, Malerei vom 16.-18. Jahrhundert.

Sternberger Heimatmuseum, Mühlenstraße 6, Tel. 03847/21 62, Mai-Okt. Di-Fr 10-12, 13-16 Uhr, So 14-16 Uhr, Nov.-April Mi 10-16 Uhr, Stadtgeschichte und bürgerliche Wohnkultur des 19. Jahrhunderts.

Groß Radener Freilichtmuseum, Kastanienallee, bei Sternberg, Tel. und Fax 03847/22 52, 28. März-2. Nov. tägl. 10-17.30 Uhr, Archäologisches Landesmuseum.

Hagenower Museum der Stadt, Lange Straße 70, Tel 03883/72 20 42, Di-Fr 9-12, 14-17 Uhr, So 14-17 Uhr, Landschaftsgeographische Ausstellung, Stadtgeschichte und Hagenower Handwerk.

Parchimer Museum der Stadt, Lindenstraße 38,
Tel. 03871/21 32 10, Di-Fr 10-12, 14-16 Uhr, So 14-16 Uhr,
Stadtgeschichte und Informationen zu Generalfeldmarschall
H. Graf Moltke und Fritz Reuter.

Besichtigungen
von Schlössern und Herrenhäusern

Schloß Hohen Luckow, Tel.038295/238.

Schloß Gadebusch, Tel. 03886/22 06.

Schloßmuseum Schwerin, Tel. 0385/56 57 38.

Schloß Ludwigslust, Tel. 03874/281 14.

Natur- und Nationalparks

Naturpark Schaalsee, westlich von Gadebusch eine üppige Tier-
und Pflanzenwelt, bedeutender Mauserplatz für Haubentaucher
und Reiherenten, in den Rotbuchenwäldern leben Großvogelarten
wie Kranich, Seeadler und Roter Milan (Verwaltung: Insel Stint-
burg, 19246 Lassahn, Tel. 038858/212 15, Fax 212 07).

Naturpark Mecklenburgisches Elbetal, der Fluß bestimmt den
Charakter der Landschaft mit Weichholzauen, großen Feuchtge-
bieten, Mooren und Binnendünen (Verwaltung: Hauptstraße 33,
19273 Tripkau, Tel. 038845/249, Fax 928).

Wohnen in Schlössern und Herrenhäusern

Akademie Schloß Hasenwinkel, 19417 Hasenwinkel,
Tel. 03847/661 21, Fax 661 50.

Schloß Basthorst, Gustav Graf von Westarp,
19089 Basthorst, Tel. 03863/22 22 02, Fax 22 22 82.

Schloß und Park Kaarz, Obere Dorfstraße 6,
19412 Kaarz, Tel. 038483/308-0, Fax 308-40.

Weitere Vorschläge für Unterkünfte

Badow: Ponyschloß Badow, Söhringer Straße 1, 19209 Badow,
Tel. 038874/220 02, Fax 220 04

Rostock: Ramada Hotel, Kröpliner/Schwaansche Straße 6,
Tel. 0381/497 00, neues Haus in der Galerie Rostocker Hof im
Herzen der Stadt.

Badow

Plüschow

Ostseebad Kühlungsborn: Schweriner Hof, Straße des Friedens 46, Tel. 038293/790, Fax 794 10, renoviertes Haus an der Promenade mit Blick auf die Ostsee.

Wismar: Alter Speicher, Bohrstraße 12/12a, Tel. 03841/21 47 61, stilvolles, neues Hotel in zwei historischen Häusern.

Schwerin: Hotel „Zur guten Quelle", Schusterstraße 12, Tel. 0385/56 59 85, nahe beim Alten Markt mit typisch mecklenburgischem Restaurant.

Sternberg: Seehotel, J.-Dörwald-Allee, Tel. 03847/431 20, ruhige Lage direkt am See.

Plüschow: Schloß Plüschow, Am Park 6, (Mecklenburgisches Künstlerhaus), Tel. 03841/61 740, Fax 617 417.

Mecklenburgische Schweiz und Ostmecklenburg

© L&H ›Verlag Hamburg/kontur

Grimmen

Peene

emmin

Vanselow

Altenhagen

Burow

Sarnow

Altentreptow

Friedland

Galen-
becker
See

Kitten-
dorf

19

Galenbeck

oß Plasten

**Neubranden-
burg**

Tollense-
see

Burg
Stargard

Woldeck

Möllenbeck

ustrelitz

Feldberg

10 Samow

In der weiten Stille der mecklenburgischen Landschaft nimmt sich dieses Herrenhaus wie ein vorsichtig gesetzter Farbtupfer aus: ein vornehm lagerndes Gebäude mit zurückhaltend gegliederter Hoffassade, errichtet nach 1810. Großzügig angelegtes Vestibül, das durch eine dorische Arkatur gestalterisch akzentuiert wird. An das Haus schließt sich ein Landschaftspark an, in dem noch ein frühdeutscher Turmhügel in Insellage zu entdecken ist. Reste der Gutsanlage, die vor Ausbruch des Zweiten Weltkrieges zu den modernsten Agrarbetrieben Mecklenburgs rechnete, sind erhalten.

DARGUN 1209 von Doberan aus wiedergegründetes Zisterzienserkloster, seit 1556 Nebenresidenz der Güstrower Herzöge und seitdem Umgestaltung des Klostergevierts zu einer großzügigen Vier-

Dargun

flügelanlage. Zerstört 1945, umfangreiche Sicherungsarbeiten seit 1991.

JAGDSCHLOSS GELBENSANDE Englischer Landhausstil und Elemente russischer Folklorearchitektur, prachtvolle Kamine und reich ornamentierte Balkendecken sowie eine faszinierende bauzeitliche Haustechnik und andere überraschende Originaldetails – alles das vereinigt das romantisch in der Rostocker Heide gelegene Jagdschloß Gebensande. Der 1886/87 nach Plänen von Gotthilf Ludwig Möckel entstandene Fürstensitz vermag auf gewichtige europäische Familienbande seiner einstigen Bewohner zu verweisen. So legte der Zarensohn Michail Romanow den Grundstein. Nach 1897 zog es die Schweriner Großherzogin-Witwe Anastasia, Großfürstin von Rußland, immer wieder dorthin. Der dänische König Christian X. und seine mecklenburgische Gemahlin Alexandrine waren regelmäßig Gäste und 1904 verlobte sich hier das preußisch-deutsche Kronprinzenpaar. Aber wer weiß schon, daß 1901 im Jagdschloß zu Gelbensande der Automobilclub AvD gegründet worden ist?

LÜHBURG Frühes Beispiel einer barocken Dreiflügelanlage (um 1700) in Mecklenburg-Vorpommern. Die imposanten Umwallungen deuten auf eine vormalige Festung.

11 Dalwitz

In dieser Gutsanlage spiegelt sich Landesgeschichte! Funde aus der Steinzeit belegen eine weit zurückreichende Besiedlung, die historisch faßbar wird durch die Ersterwähnung 1235. Und seit 1379 hat hier die Familie v. Bassewitz einen ihrer Stammsitze. Die Zufahrt durch das Torhaus, das 1726 nach Entwürfen des holsteinischen Baumeisters Rudolph Matthias Dullin errich-

Dalwitz

tet worden ist, gestaltet sich zu einem unerwarteten, im Grunde barocken Raumerlebnis. Scheinbar unmerklich reihen sich an den Längsseiten des Hofplatzes die in historistischen Formen errichteten Wirtschaftsbauten und lassen den Blick zu einem architektonischen Dekorationsstück gleiten, dem zierlichen Erker des tudorgotischen Seitenflügels (1855) vom Herrenhaus. Durch diesen gestalterischen Kunstgriff werden das wesentlich ältere Wohnhaus, das in einer früheren Festungsanlage eingebunden ist, und der vorgelagerte Gutshof optisch miteinander in Beziehung gesetzt und inhaltlich miteinander verknüpft.

In der kleinen Parkanlage finden sich die Spuren eines Denkmals, das auf Veranlassung der musisch sehr befähigten Sabina v. Bassewitz gesetzt worden ist, einer Persönlichkeit, die unfraglich zu den sogenannten gelehrten Frauen des ausgehenden 18. Jahrhunderts gezählt werden darf.

PREBBEREDE Barockes Herrenhaus (1772/78) von architekturge-
schichtlichem Rang, nach Plänen des Güstrower Baumeisters Sidon.
Festsaal mit bemerkenswertem Stuckdekor. Die zeitgleiche, mehrteilige Gutsanlage ist in wesentlichen Teilen erhalten. Neogotische
Gutskapelle (1861/62) in freier Anlehnung an die Kapelle zu Dobe-
ran-Althof.

TELLOW Klassizistisches Herrenhaus mit sorgsam gepflegter Gutsanlage – ehemalige Wirkungsstätte des bedeutenden deutschen
Agrarwissenschaftlers Johann Heinrich v. Thünen (1783-1850). Er
erwarb das Gut 1810, Heute v. Thüssen-Forschungsstätte und agrar-
geschichtliches Freilichtmuseum zur ländlichen Lebens- und Arbeits-
weise im 19. und 20. Jahrhundert.

12 | Güstrow

Schloß. Renaissancebau, der in der deutschen Architektur des 16.
Jahrhunderts vereinzelt dasteht.
Einstige Residenz mecklenburgischer Herzöge anstelle einer mittelalterlichen Burg. Ursprünglich Vierflügelanlage, die italienische,
französische, niederländische und deutsche Stilelemente in sich ver-
eint und deren Putzgliederung den Werksteinbau nachahmt. Reiche bauzeitliche Innenraumgestaltung. Der Süd- und Westflügel
(1558/66) sowie der Nordflügel (1587/88) entstanden nach Plänen
von Franz Parr bzw. Philipp Brandin. Das Torhaus (um 1666/67)
wurde nach Entwürfen von Charles Philippe Dieussart errichtet.
Rekonstruktion des Renaissance-Schloßgartens auf der Grundlage
historischer Vorlagen seit 1973.
Sehenswertes Stadtbild mit zwei reich ausgestatteten gotischen Kirchen, Profanbauten des 16. bis 19. Jahrhunderts, Ernst-Barlach-
Museen (einstiges Atelierhaus am Heidberg und Gertrudenkapelle).

Schloß Güstrow

Im Dom der „Schwebende", Ernst Barlachs Güstrower Ehrenmahl für die Gefallenen des Ersten Weltkrieges.

BRISTOW Dorfkirche. Bedeutender Sakralbau der deutschen Renaissance. 1597 aus sauber geschichtetem Feldsteinmauerwerk errichtet. Reiche bauzeitliche Ausstattung. Künstlerisch hervorragendes und handwerklich vorzüglich ausgeführtes Beispiel einer Gutsanlage. In der historistischen Formensprache sogenannte „nordische Renaissance" (1865/68). Die Neorenaissanceelemente sind abgeleitet von Schmuckformen des Ostgiebels der Dorfkirche.

BASEDOW Schloß. Unregelmäßige Dreiflügelanlage anstelle einer mittelalterlichen Burg. Ältester Teil von 1552 mit vorspringendem Treppenturm. Spätere Erweiterungen nach Plänen von August Stüler und Richard Haupt (Südwestflügel, 1891). Ausgedehnter Landschaftspark nach Entwürfen von Peter Joseph Lenné (um 1835).

Ulrichshusen

Umfangreiche Gutsanlage in tudorgotischer Formensprache. Spät-klassizistischer Marstall mit Reithalle (1850). Sehenswerte mittel-alterliche Dorfkirche mit ausgezeichneter Ausstattung vornehmlich des 16. und 17. Jahrhunderts, Orgel von Samuel Gerke und Hein-rich Herbst von 1680.

ULRICHSHUSEN Befestigter Wohnbau (Erdgeschoß in sauber geschichtetem Feldsteinmauerwerk) mit rundem Treppenturm und Annex mit Terrakottaschmuck aus der Werkstatt des Statius van Düren, der in der zweiten Hälfte des 16. Jahrhunderts errichtet worden ist. Nach Brandschaden Wiederaufbau im Gang.

13 Burg Schlitz

Sollte es wirklich möglich sein, heute, noch dazu in Mecklenburg-
Vorpommern, in die Welt der Goethezeit einzutauchen? Ja, hierzu
lädt Burg Schlitz ein, das Herzstück der landschaftlich unvergleichlich
reizvollen Mecklenburgischen Schweiz. Wohl kaum einer anderen
Generation war es gegeben, Stimmungsbilder landschaftsgestalterisch zu thematisieren. So entstand hier zwischen 1791 bis weit in
die 1820er Jahre eine Anlage, die in später Nachfolge vom Dessau-
Wörlitzer Gartenreich steht und für den Nordosten etwas ganz Sin-
guläres darstellt. In enger Verbindung zur umgebenden Naturland-
schaft sind Gutshof, Herrenhaus – die 1812/22 errichtete Burg Schlitz
– und der mehr als 60 Hektar große Park zu einem außergewöhn-
lichen Ensemble gefügt worden. Der etwas eigenwillige schloßartige Wohnbau, der in Teilen Architekturvorstellungen eines Heinrich
Gentz atmet, ist vollständig renoviert worden. Hospitibus amicis,
so eine alte Inschrift am Ostflügel, die aufs Neue gehobene Gast-
lichkeit verspricht. Ein Gang durch den Park bleibt immer ein Erlebnis, zumal auch die Vielzahl der Denkmäler zum Nachsinnen anregt
– aufklärerische, sentimentale, romantisch-nationale Sinnbezüge
lassen das Lebensbild des Grafen Hans v. Schlitz erkennen, dem
Schöpfer dieser großartigen Gesamtanlage.
Sehenswert: der Nymphenbrunnen bei Burg Schlitz.

14 Schorssow

Inmitten der Mecklenburgischen Schweiz, eingebettet in eine ein-
zigartige Landschaft, liegt dieses Schloß am Ufer des Haussees.
Das stattliche Bauwerk gibt sich als Dreiflügelanlage zu erkennen
und mag um 1730/40 entstanden sein. Aus dieser Zeit könnten die
reich verzierten schmiedeeisernen Gitter stammen. Seine
jetzige Gestalt erhielt das Gebäude aber beim Umbau von

1808/12. Das sorgfältig restaurierte Architekturmotiv der Blendar-
kaden deutet auf den Einfluß der Berliner Bauschule.
Ein großer Landschaftspark umrahmt das Schloß und zieht sich
am südlichen Seeufer bis zum Kirchberg hin, wo die Ruine einer
bereits 1520 zerstörten Kirche zu entdecken ist.

BÜLOW Klassizistisches Herrenhaus mit Portikusmotiv (um 1820).

GROSSEN LUCKOW Ehemals großartige Gutsanlage mit Herrenhaus im Tudorstil (1842). Hinzuweisen bleibt auf eine später veränderte Rundscheune.

15 Domäne Neu Gaarz

Hier regiert stilvolle Lebensfreude, das verspricht schon das Haus-
wappen, eine Bacchusmaske – freilich der besonderen Art, denn die
eigenwillige Ausstattung und anregende Kunstausstellungen haben
schon etwas Faszinierendes an sich. Also eine Überraschung! Das
Herrenhaus, ein um 1880 auf älterer Grundlage errichteter Putzbau
mit vergiebeltem Mittelrisalit, nimmt sich gediegen aus. Die ausgewogenen Proportionen deuten durchaus auf klassizistische Baugesinnung. Übrigens kein Einzelfall, denn bei einfachen Nutzbauten sollte sie in der zweiten Jahrhunderthälfte noch lange nach-
wirken.

BLÜCHERHOF Neobarockes Herrenhaus (1902) mit Elementen russischer Folklorearchitektur (nur der Mittelrisalit erhalten), flankiert
von Torhaus und Portalen mit schmiedeeisernen Gittern in Rokokoformen. Bemerkenswertes Gutsensemble mit Wirtschaftsbauten, denen barockisierende Formen und Jugendstilelemente

beigefügt sind. Bedeutender Park mit dendrologischen Kostbarkeiten, nach der Jahrhundertwende unter Alexander König angelegt.

16 Vietgest

Ein Schloß, das schon von fern durch seine bewegte Silhouette einladend wirkt und 1792/94 als eine der letzten großen ländlichen
Barockanlagen in Mecklenburg-Vorpommern entstand. Vielleicht blieb
sie unvollendet, denn manches spricht dafür, daß ein raumgreifender Ehrenhof vorgesehen war. Die anempfundenen, jetzt leider
abgängigen Wirtschaftsbauten stammen aus unserem Jahrhundert,
während das etwas ältere, kastenförmige Backsteinhaus früher eine
sogenannte Schnitterkaserne war, also während der Ernte zur Auf-
nahme von Saisonarbeitern diente. Lediglich der axial auf das Schloß-

Vietgest

portal ausgerichtete Rest einer Allee wird auf ursprüngliche Pla-
nungsabsichten zurückgehen, vermittelt diese Pflanzung doch – ähnlich wie im benachbarten Diekhof – zur Weite der Landschaft. Umfas-
sende und vorbildliche Sanierung des Schloßgebäudes und Restau-
rierung der Zopfstildekorationen im Festsaal 1979/89, wobei auch
die Barockkonturen der Parkanlage herausgearbeitet worden sind.

REMPLIN Großartige Gutsanlage aus der Mitte des 18. Jahrhunderts. Vom später durch Friedrich Hitzig umgestalteten Schloß
konnte beim Brand 1940 nur der Nordflügel bewahrt werden. Von
den Nebenbauten blieben Torturm, Verwalter-, Gast- und Tauben-
haus und weitere Wirtschaftsgebäude sowie die vormalige Gutskapelle (17. Jahrhundert) erhalten. Der ausgedehnte Park läßt die
Grundstruktur der barocken Gartenanlage erkennen. Am Südrand
der großen Querachse der Turm vom einstigen Observatorium.

KUMMEROW Großartige Schloßanlage (um 1730), bestehend aus
dem langgestreckten Hauptbau und flankierenden Eckpavillons, zwischen denen Galeriebauten vermitteln. Treppenhaus und Festsaal
mit reichem Stuckdekor. Den Hofraum begrenzen zeitgleiche, auf
Ensemblewirkung abzielende Wirtschaftsbauten. Sehenswerte mittelalterliche Dorfkirche mit reicher barocker Innenausstattung, die
offensichtlich im Zusammenhang mit dem Schloßbau ausgeführt
worden ist.

IVENACK Baugeschichtlich und architektonisch gilt dieser Ort,
dessen historische Wurzeln auf ein 1252 gegründetes Nonnenklo-
ster zurückgehen, in Mecklenburg-Vorpommern als hervorragendes
Beispiel einer barocken Schloßanlage. Der mehrteilige Schloßkomplex besteht aus dem herrschaftlichen Wohnsitz – einer Dreiflügelanlage, der Dorfkirche – im Kern ein mittelalterlicher, um 1700
und 1867/68 erneuerter Bau – dem halbkreisförmigen Marstall – hier stand einst der berühmte, unter Napoleon geraubte

Hengst Heredot – sowie der Orangerie und dem Teehaus. Das Pfarrhaus vermittelt zur Katenreihe, die feldseitig durch eine Torsituation begrenzt wird. Der eigentliche Gutshof ist zwar in das Ortsgefüge eingeschlossen, vom Schloßareal aber räumlich-kompositorisch abgesetzt. Um 1800 entstand unter Einbeziehung barocker Gartenelemente ein weitläufiger englischer Landschaftspark, dessen unbedingte Attraktion die weit über tausendjährigen Eichen darstellen.

FAULENROST In enger Anlehnung an französische Vorbilder 1760/64 errichtete Barockanlage, deren Hauptgebäude 1968 durch Brand zerstört worden ist. An der Hofzufahrt zwei zeitgleiche Torhäuser.

ZETTEMIN Interessanter, Mitte des 18. Jahrhunderts halbkreisförmig angelegter Backsteinkomplex.

17 Kittendorf

Ja, Schloß Babelsberg ist die größere Schwester dieses Landsitzes (1848/53), lassen sich doch beide Bauwerke mit dem Schaffen des bekannten Berliner Architekten Friedrich Hitzig in Verbindung bringen. In tudorgotischen Formen errichtet, überzeugt der bewegte Baukörper durch seine dennoch ausgewogene Massenverteilung – typisch für die Architekturgesinnung vor allem der Schinkelschüler. Sorgfältig restaurierte Innenräume lassen Lebenskultur des vergangenen Jahrhunderts erahnen. Zum ausgedehnten Landschaftspark vermitteln Terrassen- und Treppenanlagen an der Südseite des Gebäudes. Der einstige Gutshof liegt abseits vom Schloßareal.

Sehenswerte frühgotische Dorfkirche mit wertvoller Ausstattung und der ältesten Glocke Mecklenburgs (1288).

Kittendorf

VARCHENTIN Bemerkenswerter tudorgotischer Bau (1847) nach Plänen von August de Meuron. Ausgedehnter Landschaftspark nach Entwürfen von Peter Joseph Lenné, datiert 1838.

18 Groß Plasten

In der Stille der mecklenburgischen Landschaft entfaltet auch dieses schloßartige Anwesen Reize eigener Art. Im Kern mag die Gebäudegruppierung noch aus dem 18. Jahrhundert stammen, ist aber nach 1900 um den stattlichen Flügelanbau erweitert und in sparsamen neobarocken Formen vereinheitlicht worden. Ein kleiner Park geht unmerklich in die freie Landschaft über. Die Ersterwähnung des Ortes datiert von 1284. Die ausgedehnte Gutsanlage sollte eines Blickes gewürdigt werden, ebenso die Dorfkirche, ein historistischer Zentralbau (1901).

Groß Plasten

GROSS GIEVITZ Barockes Herrenhaus (um 1730) mit Resten der Gutsanlage (u.a. Schmiede), 19. Jahrhundert. Grabkapelle (1827/31) nach Plänen von Karl Friedrich Schinkel. Sehenswerte Dorfkirche.

19 Galenbeck

Siedlungsgeschichte pur! In seltener Anschaulichkeit läßt sich hier der an der Schwelle zur Neuzeit einsetzende Wandel eines Rittersitzes von der Burg zum Herrenhaus im Gutshofverband nachvollziehen. Am Rande eines sumpfigen Seeufers angelegt, konnten 1978/84 die Ruinen einer zweigliedrigen, in mehreren Bauetappen ausgeführten, schon 1453 „gebrochenen", also zerstörten Niederungsburg freigelegt werden. Wälle bezeichnen die Vorburg, und von der Hauptburg sind Reste von Palas und Bergfried erhalten geblieben. Südlich hiervon liegen das Herrenhaus, ein stattlicher, im 18. Jahrhundert erweiterter Fachwerkbau sowie das Gutsdorf mit einem mittelalterlichen, barock ausgestatteten Kirchenbau. Ursprünglich durch Lehnsträger der brandenburgischen Markgrafen errichtet, fiel auch diese Burg später an die mecklenburgischen Herzöge, um 1392 an die erstarkte Familie v. Rieben verpfändet zu werden, bei der die Besitzung bis 1945 verblieb.

FRIEDLAND Die im 14. und 15. Jahrhundert errichteten Wehrbauten der 1244 gegründeten Stadt- der Anklamer bzw. Neubrandenburger Torturm – stehen in Norddeutschland singulär da.

Reisehinweise

Die adligen Herren und Damen der vergangenen Jahrhunderte wählten ihre Herrschaftssitze mit Geschmack und Bedacht: Die Mecklenburgische Schweiz ist eine reizvolle Landschaft. Zwischen sanft geschwungenen Hügelketten und großen Laubwäldern dehnen sich die drei wunderschön gelegenen Seen aus: Kummerower, Teterower und Malchiner See. Berge gibt es hier nicht, aber für die norddeutsche Tiefebene ist der Hardtberg mit seinen 123 Metern schon ein richtiger Gipfel.

Wer von der Barlach-Stadt Güstrow, die mit Renaissance-Schloß und Dom zum Bummeln einlädt, schnurstracks gen Osten fährt, kommt nach Teterow, ein guter Ausgangspunkt für die Besichtigung der zahlreichen Schlösser und Güter in den Dörfern weiter nördlich und am Malchiner See. Die Stadt selbst präsentiert sich still und hübsch. Den Titel „Mecklenburgisches Schilda" trägt sie mit Würde: An einige Schildbürger erinnert nämlich das Wahrzeichen Teterows, der „Hechtbrunnen" auf dem Marktplatz. Diese hängten, so sagt es die Sage, einem Hecht eine Glocke um und machten an ihrem Boot eine Kerbe, wo sie ihn aussetzten, um ihn später – rechtzeitig zum Stadtfest – wieder einfangen zu können. Ein Bummel durch das liebenswerte Städtchen sollte die beiden spätgotischen Tortürme in der Rostocker und Malchiner Straße und einen Besuch der Pfarrkirche St. Peter und Paul mit den fast 650 Jahren alten Gewölbemalereien und einem vierflügeligen spätgotischen Schnitzaltar mit einschließen.

Weiter nördlich liegt Gnoien, nicht weit von Dargun. Die überwiegend eingeschossigen Häuser vermitteln einen durchweg kleinstädtischen Charakter. Das Chorgewölbe und der Altar der gotischen Pfarrkirche St. Marien sind wunderschön bemalt. An der Südseite lohnt der Blick auf eine schmiedeeiserne Sonnenuhr. Am Ortsrand liegt eine über hundert Jahre alte Holländermühle, in der sich auch eine Gaststätte befindet.

Malchin hat durch die Zerstörungen am Ende des Zweiten Weltkrieges viel an Charme verloren. Zwischen den schmucklosen neuen Einheitsbauten finden sich ein paar wenige sehenswerte Schätze. Die dreischiffige gotische Backsteinbasilika St. Maria und St. Johannes empfängt den Besucher gleichsam wie eine Kathedrale: Große hohe Fenster im Chor und ein schönes Sterngewölbe im Schiff schaffen ein prächtiges Raumgefühl. Der spätgotische Schnitzaltar, die Renaissance-Kanzel und der barocke Orgelprospekt sind an Schönheit kaum zu übertreffen. Einen Abstecher wert sind die Reste der Stadtbefestigung: das Kalensche Tor und das Steintor, sowie das Rathaus, in dem von 1621 bis 1916 im Wechsel mit Sternberg der Mecklenburger Landtag konferierte.

Stavenhagen trägt seit 1949 den offiziellen Beinamen „Reuterstadt". Der mecklenburgische Nationaldichter Fritz Reuter wurde hier 1810 als Sohn des Bürgermeisters geboren (gestorben 1874). Wer auf den Spuren des Dichters auch die Reuter-Dörfer mit ihren Schlössern, Herrenhäusern und Kirchen entdecken will, muß schon einige Zeit mitbringen. In der heute 8.500 Einwohner zählenden Stadt sind an zahlreichen Häusern Gedenktafeln in Niederdeutsch angebracht, die an Personen aus Reuters Werken erinnern (Markt 4 und 6, Neubrandenburger Straße 2, 9 und 20). Vor dem Museum thront das bronzene Reuter-Denkmal, an der Straße Richtung Neubrandenburg steht die sogenannte Reuter-Eiche, und auch das Grab Reuters befindet sich in der Stadt. Die Dörfer Faulenrost, Rittermannshagen, Demzin, Zettemin und Ivenack liegen auf dem Poeten-Parcours. Der Tourismusverband Mecklenburgische Schweiz (siehe Infos A-Z zu diesem Kapitel) gibt eine Radwanderkarte zu den Reuter-Zielen heraus.

Altentreptow liegt schon außerhalb der Mecklenburgischen Schweiz gen Osten. Die gotische Pfarrkirche St. Petri, die auf einer Anhöhe errichtet wurde, beherrscht das Stadtbild. Die Stadt ist rasterförmig in einem Oval angelegt und fast einheitlich mit zweigeschossigen Fachwerktraufenhäusern bebaut. Der große geschnitzte Flügelaltar, das spätgotische Chorgestühl und der

romanische Taufstein locken Besucher in die Kirche. Von der Stadtbefestigung sind zwei spätmittelalterliche Backsteintore im Süd-
westen und Norden erhalten. Zahlreiche Gedenkstätten erinnern
daran, daß hier genauso wie in Stavenhagen Fritz Reuter lange
Zeit gelebt hat. Wohl einmalig ist, was der Volksmund „Reuter-Ecke"
nennt: Die Grabsteine der mit Fritz Reuter befreundeten Treptower
Bürger wurden 1935 in einem Rondell auf dem Friedhof zusammen
aufgestellt.

In Friedland kommen Musikfreunde auf ihre Kosten. In der Pfarrkirche St. Marien erklingt die berühmte Sauerorgel. Beeindruckend
sind auch die übriggebliebenen Mauerstücke des alten Walls. Die
Stadt wurde 1244 gegründet und befestigt.

Einen Abstecher ist auch Tribsees mit seinem mittelalterlich
geprägten Stadtbild wert. Die Stadtkirche birgt einen prachtvollen
Schnitzaltar des 15. Jahrhunderts mit seltenen szenischen Darstel-
lungen.

Bei Ribnitz-Damgarten mündet die Recknitz, der einstige Grenz-
fluß zwischen Mecklenburg und Pommern, in den Saaler Bodden.
Von hier aus eröffnen sich Wanderwege in die Rostocker Heide
und zum Darß. Beachtliche mittelalterliche Bildwerke noddeut-
scher Herkunft birgt bis heute die einstige Ribnitzer Klosterkirche.
Ihre Nebenbauten beherbergen das unbedingt sehenswerte Bernsteinmuseum.

Auskunft

Tourismusverband Mecklenburgische Schweiz, Am Bahnhof,
17139 Malchin, Tel. 03994/22 47 55/57, Fax: 22 47 56
(Postfach 1123, PLZ 17131).

Güstrow: Information, Domstraße 9,
Tel. 03843/133 01, Fax 68 20 79.

Gnoien: Stadtinformation, Am Markt 11,
Tel. 039971/121 29, Fax 120 85.

Teterow: Tourist-Information, Mühlenstraße 1,
Tel. 03996/17 20 28, Fax 18 77 95.

Malchin: Stadtinformation, Am Markt 1,
Tel. 03994/64 05 55, Fax 64 04 44.

Reuterstadt Stavenhagen: Stadtinformation, Markt 1
(im Museum), Tel. 039954/211 94, Fax 220 55.

Aussichtspunkte

Bei Teterow: Turm auf dem Südgipfel der Heidberge (90 m) auf
der Burgwallinsel im Teterower See, in der Nähe der Überreste
der slawischen Inselburg aus dem 9. bis 12. Jahrhundert.

Bei Burg Schlitz: 96 Meter hoher Röthelberg, zu dessen Füßen
sich die hügel- und waldreiche Landschaft um die Burg ausbrei-
tet. Hier soll zum ersten Mal der Name „Mecklenburgische
Schweiz" gefallen sein. Graf von Schlitz habe von seinen Wande-
rungen in den Schweizer Bergen geschwärmt und sie mit seiner
Heimat verglichen.

Museen

Güstrower Ernst-Barlach-Gedenkstätten: Atelierhaus am Heidberg, Heidberg 15, Tel. 03843/822 99, März bis Okt. Di-So 10-17 Uhr, Nov-Feb. Di-So 11-17 Uhr, und Gertrudenkapelle, Gertrudenplatz 1, Tel. 03843/68 30 01, Di-So. 9-12 Uhr (Mi ab 10 Uhr), einige der bedeutendsten Werke des Künstlers, Plastiken, Gipsabdrücke.

Schloßmuseum, Franz-Parr-Platz 1, Tel. 03843/50 21, Mitte April-Mitte Okt. Di-So 10-18 Uhr, Mitte Okt.-Mitte April Di-So 11-17 Uhr, Jagdwaffen, Gemälde, Skulpturen.

Museum der Stadt Güstrow, Franz-Parr-Platz 7, Tel. 03843/681144, Mo.-Do 10-12 Uhr, 12.30-17 Uhr, Sa. 13-16 Uhr, So. 11-16 Uhr.

Teterower Stadtmuseum, Südlicher Ring 1, Tel. 03996/17 28 27, Mai-Sept. Di-Fr 9-17 Uhr, Sa, So 13-17 Uhr, Okt.-April Di-Fr 9-16 Uhr, Sa, So 14-17 Uhr, Heimatmuseum, Ur- und Frühgeschichte der Region, Stadtgeschichte.

Stavenhagener Fritz-Reuter-Literaturmuseum, Markt 1, Tel. 039954/210 72, geöffnet: Mo-Fr 9-17 Uhr, Sa, So 10-17 Uhr, Sammlungen zu Reuter, Forschungsstelle für niederdeutsche Literatur.

Tellower Thünen-Museum auf Gut Tellow, tägl. 9-16 Uhr, Gutshofensemble mit landwirtschaftlichen Geräten, Feder- und anderem Vieh, Herrenhaus des Agrarwissenschaftlers Johann Heinrich von Thünen. Tel. 039976/503 25.

Friedländer Heimatmuseum, Mühlenstraße 1, Tel. 039601/267 79, Di-Fr 10-12, 13-17.30 Uhr, So 14-17 Uhr, Geschichte der mecklenburg-vorpommerschen Schmalspurbahnen, Stadtgeschichte.

Ribnitz-Damgartener Bernsteinmuseum, Im Kloster, Tel. 03821/22 01, Mai-Sept. tägl. 9.30-17.30 Uhr, Okt. und

April   Di-So 9.30-16.30 Uhr, So 13-16.30 Uhr,
Nov.-März Mi-Sa 10-16 Uhr, So 13-16 Uhr, Geschichte der Entstehung und der Verarbeitung von Bernstein.

Besichtigungen von Schlössern und Herrenhäusern

Kloster- und Schloßanlage Dargun, Stadtinfo 039959/223 81.

Schloß Güstrow, Franz-Parr-Platz 1, 18273 Güstrow,
Tel. 03843/75 20, Fax 68 22 51 (siehe Museen).

Natur- und Nationalparks

Naturpark Nossentiner-Schwinzer Heide mit Krakower See,
südwestlich von Teterow, Vogelschutzgebiet (Verwaltung: Ziegenhorn 1, 19395 Krakow, Tel. und Fax 038738/292).
Der Kurort Krakow am See hat eine sehr reizvolle Lage.

Naturpark Darß (Verwaltung: Nationalparkamt Vorpommersche Boddenlandschaft, Am Wald 13, 18375 Born, Tel. 038234/50 20).

Wohnen in Schlössern und Herrenhäusern

Herrenhaus Dalwitz, Lucy Gräfin v. Bassewitz, Dorfstr. 43, 17179
Dalwitz, Tel. 039972/514 40, Fax 512 63.

Domäne Neu Gaarz, Dr. Ursula Eisel, 17194 Neu Gaarz/bei Waren,
Tel. und Fax 039929/702 55.

Herrenhaus Samow, Marc Graf v. Polier, 17179 Samow,
Tel. 039971/135 05, Fax 145 20.

Schloß Schorssow, An der Landstraße, 17166 Schorssow,
Tel. 039933/790.

Schloß Kittendorf, 17153 Kittendorf, Tel. 039955/500,
Fax 501 40.

Jagdschloß Gelbensande

Schloß Groß-Plasten, Dorfstraße 43, 17192 Groß Plasten,
Tel. 039934/80 20, Fax 80 299.

Schloß Vietgest, 18279 Vietgest, Tel. 038452/55-0, Fax 2000-1.

Jagdschloß Gelbensande, Am Schloß 1, 18182 Gelbensande,
Tel. 038201/475.

Weitere Vorschläge für Unterkünfte

Güstrow: Kurhaus am Inselsee, Heidberg 1, Tel. 03843/85 00,
Fax 822 03, in der Nähe vom Barlach-Atelierhaus.

Stadt Güstrow, Pferdemarkt 56, Tel. 03843/78 00, Fax 78 01 00,
restauriertes Haus, schöne Designermöbel.

Hotel „Am Güstrower Schloß", Schloßberg 1, 18273 Güstrow,
Tel. 03843/76 70, Fax 76 71 00.

Teterow: Restaurant und Pension Wendenkrug, Auf der Burgwallinsel, Tel. 03996/12 84-0, idyllisch gelegen mit hauseigener
Badestelle und Bootsverleih.

Stavenhagen: Hotel Kutzbach, Malchiner Str. 2,
Tel. 039954/210 96, Fax 30 8 38, zentrale Lage am Markt,
angenehmes Ambiente.

Altentreptow: Hotel am Markt, Am Markt 1,
Tel. 03961/258 20, Fax 25 82 99.

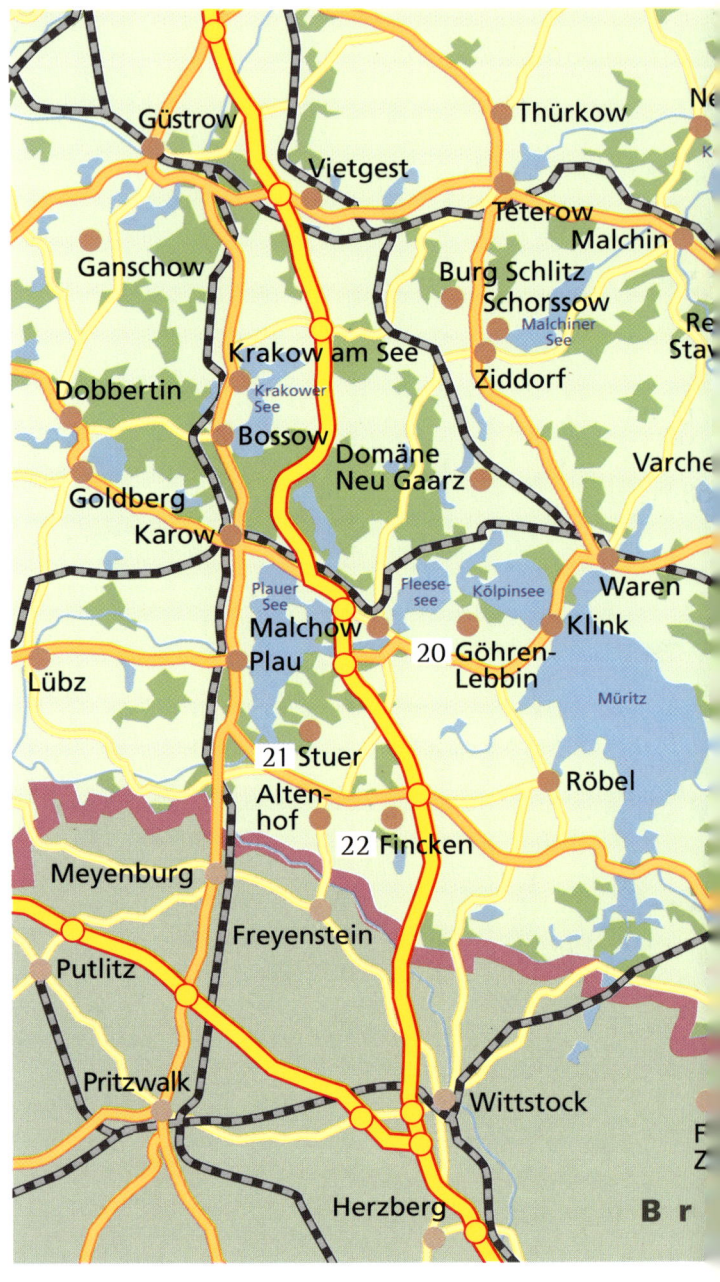

Vanselow

Altenhagen

...dt
...en

Kitten-
dorf

Altentreptow

oß Plasten

Tollense-
see

© L&H Verlag Hamburg/kontur

Friedland

Neubrandenburg

23 Burg
Stargard

Woldeck

Möllenbeck

Neustrelitz

Feldberg

Boitzenburg

Wesenberg

Lychen

arz

Ravensbrück
Fürstenberg

Templin

enburg

20 Göhren-Lebbin

Unmittelbar an der mecklenburgischen Seenplatte gelegen, grüßt
das stattliche Schloßgebäude schon von weitem, weckt vielleicht
sogar Neugierde, denn Doppelturmanlagen sind in dieser Form wirklich etwas Ungewöhnliches. Nach einer kleinen Anfahrt durch Äcker
und Wiesen ist es erreicht und zeigt sich im Schmuck zurückhaltend angeordneter Neobarockformen – Baujahr 1912. Aber die
Geschichte des Gutes reicht natürlich weiter zurück. Nach dem
30jährigen Krieg, soviel ist bekannt, lag es lange wüst. Die späteren Besitzer wechselten häufig und so kam es 1842 an die weit-
verzweigte Familie v. Blücher, deren bekanntestes Mitglied der „Mar-
schall Vorwärts" ist.
Von der einstigen Innenausstattung des Hauses ist manches erhalten geblieben, so die Schloßhalle mit Kamin und Prunktreppe sowie
weitere Säle. Ein Gang durch den Park mit altem Baumbestand ist

Göhren-Lebbin

zu jeder Jahreszeit ein Genuß, besonders aber der einmalige Blick
zum Kölpinsee durch die große Sichtschneise.

KLINK Historistischer Schloßbau (1897/98) im Neorenaissance-
stil in landschaftlich hervorragender Lage.

21 | Stuer

Nahe der uralten Grenze zum Brandenburgischen haben sich Spuren von bereits 1240 erwähnten Befestigungen erhalten, so ein
Turmhügel nahe der Dorfkirche und in den Niederungen vom Orts-
teil Vorwerk eine zweigliedrige Burganlage, einst Ganerbenburg derer
v. Flotow. Ein geübtes Auge erkennt die Struktur der Vorburg schnell.
Im Zentrum der hinter Gestrüpp verborgenen, auf nahezu quadratischem Grundriß errichteten Hauptburg steht, umgeben von weiteren Bauresten, die imposante Ruine des mächtigen Wohnturms.
Die Dorfkirche ist ein Fachwerkbau vom Ende des 17. Jahrhunderts
mit bemerkenswerter Innenausstattung, einem qualitätvollen Schnitzaltar um 1500, wohl aus der Werkstatt des Güstrower Domaltars.

22 | Fincken

Abseits der großen Straßen liegt ein 1801 errichtetes Herrenhaus,
dessen Hoffassade durch einen vergiebelten Mittelrisalit zurückhaltend gegliedert ist. Das vor der Renovierung von 1973/74 deut-
lich erkennbare Architekturmotiv der Bogennische deutet auf den
Einfluß der Berliner Bauschule. Ein saalartiger Anbau in tudorgotischen Formen stammt aus der Zeit um 1850. Zum See hin
erstreckt sich ein mittelgroßer Landschaftspark, in den die

barocke Dorfkirche (1744) sowie das Mausoleum (19. Jahrhundert) einbezogen sind. Die Struktur der Gutsanlage läßt eine ensembleartige Gliederung nach Funktionsbereichen noch erkennen. Als wichtiges agrarhistorisches Baudenkmal hat sich eine später veränderte Rundscheune erhalten. Die weiteren Nutzbauten um 1850.

BOLLEWICK Mit Abmessungen von 125 x 35 Metern entstand hier 1881 die größte Feldsteinscheune Deutschlands – ein agrarhistorisches Baudenkmal von Rang!

WREDENHAGEN Sehenswerte Burganlage auf künstlicher, annähernd kreisrunder Anhöhe.

PENZLIN Die „Alte Burg", eine westlich der Stadt auf einer Geländekuppe angelegte Niederungsburg, wird 1230 urkundlich zum ersten Mal erwähnt. Die heutige Bebauung – zwei im rechten Winkel aneinandergesetzte Backsteinbauten – datiert aus dem 16. Jahrhundert. Aus dieser Zeit stammen der gewaltige Kaminbau und der sogenannte Hexenkeller (Museum). Die „Neue Burg", ein 1808/13 im Bereich der einstigen Vorburg errichtetes Herrenhaus, dessen Stilistik eine enge Anlehnung an die Formensprache der Berliner Bauschule erkennen läßt.

RUMPSHAGEN Herrenhaus (1730/32), dessen Putzhaut durch eingedrückte Glasscherben belebt wird.

GROSS VIELEN Torhaus der Gutsanlage (1740, erneuert 1882).

Burg Stargard

23 Burg Stargard

Diese auf einer pleistozänen Geländekuppe über älterer Grundlage
1248 unter den brandenburgischen Markgrafen aufgeführte und 1292
durch Heirat an Mecklenburg gefallene Höhenburg gilt als die größte
mittelalterliche Burganlage in Mecklenburg-Vorpommern. Spätromanische Schmuckformen, aber auch spätgotische Sterngewölbe und deko-
rative Elemente des Historismus deuten auf zahlreiche Veränderungen im Verlauf der Jahrhunderte. Noch in die Gründungszeit der Anlage zu datieren sind die einstigen Torhäuser von Vor- und Hauptburg,
deren Obergeschosse durch Kapellen belegt waren und der land-
schaftsdominierende Bergfried mit seinem hochgelegenen ursprünglichen Einstieg sowie die Ruine des 1919 ausgebrannten „Krummen Hauses", während das „Alte Herrenhaus" mit dem jetzigen Haupttor nach
Erweiterungen im 15. Jahrhundert entstanden ist.

NEUBRANDENBURG Die mittelalterliche, nahezu vollständig erhaltene Befestigung der 1248 gegründeten Stadt, deren vier Toranla-
gen baukünstlerische Höhepunkte der Backsteingotik darstellen,
gilt in Norddeutschland als etwas Einmaliges.

24 Neustrelitz

Die Geschichte dieser Residenz beginnt 1726/31, als nach Plänen
von Julius Löwe das vormalige Jagdhaus Glieneke planmäßig zu
einem Fürstensitz ausgebaut wurde. Um das Schloß – anfänglich
ein dreiflügeliger Fachwerkbau, der später massiv aufgeführt, im
19. und 20. Jahrhundert umfassend verändert und erweitert und
schließlich 1945 zerstört worden ist – gruppierten sich in der Folgezeit Prinzen- (1740) und Kavaliershaus, Orangerie, Marstall, Thea-

Neustrelitz, Hebetempel

ter, Wirtschaftsbauten sowie der Schloßpark (1732) und Tiergarten. Nördlich vom Schloßkomplex wurde seit 1733 – der Geländeschwierigkeiten ungeachtet – über einem regelmäßigen und im wesentlichen auch erhaltenen Grundriß die Residenzstadt angelegt: ein quadratischer Marktplatz, von dessen Ecken und Seiten sternförmig acht Straßen auslaufen. Allerdings, so hat es den Anschein, war an eine Verknüpfung mit dem Schloßareal – vergleichbar Ludwigslust – nicht gedacht.

Das „barocke" Neustrelitz ist im 19. Jahrhundert überformt worden und präsentiert sich mit teilweise bemerkenswerten klassizistischen Bauwerken, die den Einfluß der im deutschen Nordosten stilführenden Berliner Bauschule verraten – Kunstfreunde kommen auf ihre Kosten! Auch die Barockfassung vom Schloßpark ist nur noch punktuell ablesbar, so in der großen Hauptachse, die sich übrigens der Verjüngung als Mittel optischer Täuschung bedient, sowie den Terrassierungen und im plastischen Schmuck der „Götterallee". Die Orangerie (1755) wurde 1840/42 nach Entwürfen von Friedrich Wil-

Neustrelitz, Schloßgarten mit Zierker See

helm Buttel, beraten durch Karl Friedrich Schinkel und Christian
Daniel Rauch, ausgestaltet. Ihre zeitgenössische Innendekoration
– „pompejanische" Wand- und Deckenmalereien, Abgüsse antiker
Plastiken und Reliefs sowie die Leuchter – blieb erhalten, etwas
ganz Seltenes.

Auf einige Palais-, Nutz- und Parkbauten des 19. Jahrhunderts im
Areal der einstigen Residenz sei besonders verwiesen: Marien-
und Carolinenpalais (um 1850), neogotische Schloßkirche (1855/59,
von Buttel), Marstall (um 1870), Hebetempel (1840, von Buttel),
Gedenkhalle für Königin Luise (1891, mit der Marmorkopie von
Albert Wolff nach der Grabfigur von Rauch im Charlottenburger
Mausoleum).

WEISDIN Auch in der heute reduzierten Fassung ein überzeugendes Beispiel raumgreifender barocker Kompositionen. Anfang
der 1740er Jahre war die alte Gutsanlage abgebrannt und wurde
nun unter Wahrung strenger Axialität wieder errichtet. Das Schloß
(1749) wurde mit einem im Bereich der alten Wehranlage errichteten Lusthaus bzw. der Dorfkirche (1747/49) in Korrespondenz gesetzt.
Das Innere dieses Bauwerks, dessen Bekrönung übrigens ein seltenes Chinoiserie-Motiv bildet, ist unbedingt sehenswert.

HOHENZIERITZ Hier verstarb 1810 die Königin Luise von Preußen,
eine Tochter des Hauses Mecklenburg-Strelitz. Das 1746/51 errichtete Schloß wurde 1790 im Zopfstil umgebaut. Als barocke Reminiszenzen blieben die beigeordneten, einen kleinen Ehrenhof
beschreibenden Kavaliershäuser (1776) erhalten. Ausgedehnter Landschaftspark mit teilweise erhaltenen Staffagen, so einer Figuren-
gruppe (1789) von Kaplunger. Auf den kostbaren Bestand klassizistischer Bauwerke inmitten des einstigen Gutsensembles sei verwiesen : Luisentempel (1815, von Christian Philipp Wolff), Schmiede (um 1800), Gasthaus (1807) und Kirche (1806) – beide Bauten
mit Bohlenbinderdach nach Entwürfen von Friedrich Wilhelm
Dunkelberg.

MIROW Ehemalige, 1227 auf einer Halbinsel gegründete Johan-
niterkomturei, seit 1587 im Besitz der mecklenburgischen Herzöge
und zur Residenz ausgebaut. Von älteren Baulichkeiten blieben das
einstige Brauhaus (15. Jahrhundert) und Torhaus (1588) mit zeitgleichen Befestigungen sowie die Kirche (14. Jahrhundert, 1742/47
zur Hofkirche ausgebaut) erhalten. Das 1749/52 über einem H-för-
migen Grundriß errichtete Schloß, dessen Raumprogramm französischen Vorbildern folgt, zählt heute – nicht zuletzt wegen der um
1760 fertiggestellten Innenausstattung – zu den Kostbarkeiten barocker
Architektur im nordöstlichen Deutschland. Im Festsaal blieb reicher, italienisch beeinflußter figürlicher und ornamentaler Stuckdekor erhalten. Die übrigen Räume, das gilt für sicher, sind durch Pots-
damer Künstler im friderizianischen Rokoko dekoriert worden. Dem
Schloß gegenüberliegend das Kavaliers- und Küchengebäude (1758).
Das sogenannte Untere Schloß (1766, umgebaut 1848) gilt als Geburts-
haus der späteren englischen Königin Sophie Charlotte.

WENDORF Der gotisierende Baudekor, nicht zuletzt der roman-
tische Erker dieses inzwischen nach alten Fotos instandgesetzen
und behutsam modernisierten Herrenhauses deutet auf die Ent-
stehungszeit im ausgehenden 19. Jahrhundert. Exemplarisch dokumentiert sich hier eine Baugesinnung, die auf eine Straffung der
architektonischen Ausdrucksmittel zielte. Umgeben von einem gepflegten Park und eingebettet in eine stille Landschaft, lädt das Haus
zum Verweilen ein.

Reisehinweise

Wenn Mecklenburg-Vorpommern neben seinen Schlössern und Herrenhäusern für etwas berühmt ist, dann für seine Seenplatte. An die 1.000 „Blaue Augen im Grün" sollen es sein, die sich in einem breiten glitzernden Band von Nordwesten nach Südosten aneinanderreihen. Schon Theodor Fontane begeisterte sich 1896 im Angesicht des „mecklenburgischen Meeres", daß es „in der ganzen Gotteswelt keinen besseren Platz" gebe, um sich im Binnenland eine frische Seebrise um die Nase wehen zu lassen.

Als Paradies auf Erden beschrieb der mecklenburgische Dichter Fritz Reuter Krakow am See. Die kleine Stadt liegt malerisch am Ufer des Sees, eingebettet in eine sanfte Hügellandschaft. Seit 1956 ist Krakow als Kurort anerkannt. Die Stadtkirche und die ehemalige Synagoge sind Besichtigungspunkte im Ort. Vor allem jedoch lockt die Landschaft die Besucher an, besonders das Vogelschutzgebiet Nossentiner-Schwinzer Heide.

Knapp 30 Kilometer südlich liegt Plau. Auch hier machen der See und die Kanäle den Reiz des Städtchens aus. Von der mittelalterlichen Burg steht heute nur noch der Turm. Er ist 23 Meter hoch und verbirgt ein elf Meter tiefes Verlies unter sich. Kopfsteinpflaster und Fachwerkhäuser bestimmen das Bild der idyllischen Kleinstadt. Die Stadtkirche stammt aus der Mitte des 13. Jahrhunderts und beeindruckt durch das imposante Kreuzrippengewölbe.

Auf einer Insel wurde Malchow vor mehr als 750 Jahren erbaut. Im 15. Jahrhundert entstand dann eine 800 Meter lange Holzbrücke, und 1844/46 entstand der heutige Straßendamm. Über die zweigeschossigen, verputzten Fachwerkbauten ragt die Klosterkirche weit sichtbar hinaus. Die fünf Chorfenster mit Tiroler Glasmalereien sind das Glanzstück der reichen neogotischen Innenausstattung. Im Park stehen ehrwürdige alte Eichen, Linden und Pappeln. Ein Muß auch hier: eine Boots- oder Dampferfahrt.

Die korrekte Stadtbezeichnung für Waren trägt in Klammern den Namen Müritz. Die Müritz, Deutschlands größter Binnensee, machte die Stadt schon im vergangenen Jahrhundert zur Sommerfrische für das nahe Berlin. Der Ort ist terrassenförmig angelegt. Glanzstück unter den Giebel- und Traufenhäusern ist die Löwen-Apotheke am Neuen Markt (um 1800). Nicht weit davon: das Neue Rathaus im Stil der englischen Tudorgotik. Die Georgenkirche, eine dreischiffige Backsteinbasilika aus dem 14. Jahrhundert, und die gotische Marienkirche mit klassizistischer Innenausstattung sind sehenswert. Waren ist eines der Eingangstore zum 310 Quadratkilometer großen Müritz-Nationalpark.

Auch Röbel kommt die malerische Lage an der Müritz zugute. Ein Besuch lohnt sich außerdem wegen der frühgotischen Marienkirche aus dem 13. Jahrhundert. Die spätgotischen Schnitzkunstwerke auf dem Flügelaltar wirken besonders im Detail. Das älteste Haus der Stadt, in der Straße des Friedens Nr. 4, stammt vermutlich aus dem Jahr 1770. In der Schloßstadt Mirow, ein weiteres, sehr romantisches „Tor zur Müritz", bietet eine mit großen Hubtoren ausgerüstete Schleuse Wasserwanderern zu jeder vollen Stunde freie Passage.

Nicht weit vom Tollensee mit dem wiederhergestellten Belvedere im Brodaer Holz am Westufer liegt Penzlin. Neben Burg, Herrenhaus und Museum bietet das Städtchen vor allem Beschaulichkeit und Ruhe zwischen Fachwerkhäusern und viel Grün auf sanften Hügeln.

Neubrandenburg ist eine lebendige Stadt mit 80.000 Einwohnern, die einst aufgrund ihrer Schönheit „Rothenburg des Nordens" genannt wurde, deren Altstadt aber leider seit dem Zweiten Weltkrieg völlig zerstört ist. Die 2,3 Kilometer lange Stadtmauer der mittelalterlichen Siedlung steht noch. Darin eingefügt sind 30 mittlerweile restaurierte Wiekhäuser, rechteckige oder halbrunde Ausbauten, von denen aus die Verteidigung erfolgte. Besonders reizvoll: Die vier Tore, die alle das gleiche Grundschema besitzen. Das größere, mehrgeschossige Innentor ist Teil der Stadtmauer, davor liegt ein niedrigeres Vortor, verbunden sind beide mit Zwingermauern. Das ausgeklügelte Wall- und Grabensystem ist heute der „grüne Gürtel" Neubrandenburgs. Im Friedländer Tor stellen in einer Verkaufsgalerie norddeutsche Künstler Gemälde, Graphiken und Keramik aus. Die monumentale gotische Marienkirche soll bis zur 750-Jahr-Feier 1998 restauriert werden.

Rund um Neustrelitz gibt es 300 große und kleine Seen. Am Zierker See kann man nach einem Bummel in der barocken Stadt mit ihren klassizistischen Architektur-Schönheiten Boote mieten oder mit dem Dampfer fahren. Kunst in der Natur können Besucher auf dem Kunstpfad rund um den See und in Fürstensee erleben.

Auskunft

Tourismusverband Mecklenburgische Seenplatte e.V., Turmplatz 2,
17207 Röbel, Tel. 039931/513 81, Fax 513 86.

Krakow am See: Information, Schulplatz 1,
Tel. 03857/222 58, Fax 36 13.

Malchow: Tourist-Information, An der Drehbrücke,
Tel. und Fax 039932/831 86.

Plau: Touristeninformation, Marktstraße 22,
Tel. 038735/453 45, Fax 336.

Waren: Information, Neuer Markt 19,
Tel. und Fax: 03991/66 66 67.

Röbel: Fremdenverkehrsverein, Marktplatz 10,
Tel. und Fax 039931/506 51.

Penzlin: Tourist-Information, Warener Straße 32,
Tel. 03962/21 00 64, Fax 21 02 03.

Mirow: Informationsbüro, Rudolf-Breitscheid-Straße 24,
Tel. 039833/280 22, Fax 220 97.

Neubrandenburg: Tourist-Information, Waagestraße (Marktplatz),
Tel. 0395/194 33, Fax: 582 00 20.

Burg Stargard: Information, Kurze Straße 3,
17094 Burg Stargard, Tel. 039603/208 95 oder 211 09.

Neustrelitz: Stadtinformation, Markt 1,
Tel. 03981/25 31 19, Fax 20 54 43.

Aussichtspunkte

In Röbel: Vom Turmobergeschoß der Marienkirche über Röbel und die Müritz.

In Neubrandenburg: Vom 56 Meter hohen Veranstaltungszentrum, im Volksmund „Kulturfinger" genannt, kann man den noch erhaltenen mittelalterlichen Plan des im Zweiten Weltkrieg zerstörten, rasterförmig angelegten Stadtkerns erkennen.
Von Burg Stargard: Vom 17 Meter hohen Bergfried auf der Anhöhe Blick auf die umliegende Hügellandschaft. Die Höhenburg scheint inmitten der „Sieben Berge" zu liegen.

In Neustrelitz: Von der Stadtkirche herab auf Neustrelitz und die Seen.

Museen

Warener Müritz-Museum, Friedensstraße 5, Tel. 03991/66 76 00, Fax 6676 01. Mai-Mitte Sept. tägl. 9-18 Uhr, Sa, So 9-17 Uhr, Mitte Sept.-April Di-Fr 10-16 Uhr, Sa, So 10-12, 14-17 Uhr.

Linstower Wolhynier-Museum, kein Telefon, Mai-Sept. Mi, Fr 15-17 Uhr, Sa 14-17 Uhr, So 10-12 Uhr, 15-17 Uhr, in Deutschland einmalige Sammlung, Erinnerung an 73 deutschstämmige Umsiedler, die 1947 aus der westukrainischen Region Wolhynien nach Mecklenburg kamen, Ausstellung in einem bis 1987 bewohnten wolhynischen Wohnhaus.

Alt-Schweriner Agrarhistorisches Museum, Tel. 039932/499 18, April und Okt. Di-So 10-17 Uhr, Mai-Sept. tägl. 10-17 Uhr, Museumsdorf mit mehreren ländlichen Häusern: Guts- und Reifenschmiede, Schnitterkaserne, Einklassen-Dorfschule, Tagelöhnerkate.

Penzliner Museum Alte Burg: Tel. 03962/21 04 94, April-Sept. Di-Fr 9-17 Uhr, Sa, So 10-12, 13-17 Uhr, Okt.-März Di,

Mi 10-12, 13-16 Uhr, Sa, So 10-12, 13-17 Uhr, originaler Hexenkeller, mittelalterliche Foltergeräte, Stadtgeschichte.

Neubrandenburger Literaturzentrum, Brigitte-Reimann-Ausstellung, 4. Ringstraße 38, Wiekhaus am Stargarder Tor, Tel. 0395/566 51 66, Di-Do 13-16 Uhr, Sa 9-12 Uhr, Dokumente, Möbel und Persönliches der 1973 verstorbenen Schriftstellerin; Kunstsammlung, Am Pferdemarkt 1, Tel. 0395/582 62 29, So-Do 10-17 Uhr, bildende und angewandte Kunst, wechselnde Ausstellungen.

Neustrelitzer Museum der Stadt, Schloßstraße 5, Tel. 03981/20 58 74, Mo-Fr 10-12.30, 13-16 Uhr, Mai-Sept. auch Sa 10-13 Uhr, Okt.-Apr. auch So 14-17 Uhr, Geschichte des Herzogtums Mecklenburg-Strelitz.

Schliemann-Museum, Lindenallee 5, 17219 Ankershagen, Tel. 039921/32 52, Fax 32 12, März/April Di-So 13-16 Uhr, Mai-Sept. Di-So 10-17 Uhr, Okt./Nov. Di-So 13-16 Uhr, Dez. geschlossen.

Besichtigung von Schlössern und Herrenhäusern

Neustrelitzer Schloßpark und Orangerie. Im Park besonders sehenswert: Hebetempel und Luisenhalle. In der Orangerie gibt es ein Restaurant.

Natur- und Nationalparks

Naturpark Nossentiner-Schwinzer Heide mit Krakower See, südwestlich von Teterow, Vogelschutzgebiet, 60 Seen (Verwaltung: Ziegenhorn 1, 19395 Krakow, Tel. und Fax 038738/292).

Müritz-Nationalpark, seltene Vogelarten, u.a. Schwarzstorch, See-
und Fischadler (Verwaltung: An der Fasanerie, 17325 Neustrelitz,
Tel. 03981/458 90, Fax 45 89 50).

Feldberger Seenlandschaft, Kesselmoore mit verschiedenen
Orchideenarten, im April blühen die Anemonen und
Leberblümchen (Verwaltung: 17237 Serrahn, Tel. und Fax
039821/402 02).

Wohnen in Schlössern und Herrenhäusern

Hotel „Schloß Blücher", 17213 Göhren-Lebbin, Tel. 039932/175,
Fax 179 99, 1998/99 wegen Rekonstruktion geschlossen.

Herrenhaus Fincken, Hofstraße 11, 17209 Fincken,
Tel. 039922/750, Fax 751 31.

Wendorf

Burg Stargard: Jugendherberge im Landstädtchen um die Burg, Tel. 039603/202 07.

Gutshaus „Schloß Wendorf", Schloßstraße 3, 17219 Möllenhagen, Tel. 039921/32 60, Fax 32 64 (nicht mit Wendorf/Crivitz verwechseln).

Weitere Vorschläge für Unterkünfte

Krakow: Ich weiß ein Haus am See, Altes Forsthaus 2, Tel. 038457/232 72, Fax 232 74, idyllisch gelegen im Wald und am See.

Waren: Hotel Ingeborg, Rosenthalstraße 5, Tel. 03991/61300, Fax 613030, neues Hotel garni in ruhiger Lage.

Plau am See: Gesundbrunnen, Hermann-Niemann-Straße 11, Tel. und Fax 038735/738 38, angenehme Atmosphäre, Seelage.

Malchow: Am Fleensee, Strandstraße 4a, Tel. 039932/16 30, Fax 163 10, schöne Lage am See, Familienhotel.

Röbel: Seestern, Müritzpromenade, Tel. 039931/592 94, direkt am See, eigener Bootssteg, Terrasse.

Neubrandenburg: Hotel-Restaurant Sankt Georg, Rostocker Straße 6, Tel. und Fax 0395/544 37 88, kleines Haus am Stadtrand.

Neustrelitz: Park-Hotel, Karbe-Wagner-Straße, Tel. 03981/44 36 00, Fax 44 35 53, Neubau am Fasanenpark.

O S T S

Kap A

Altenkird

Wiek

Kloster/
Vitte

Hiddensee

Trent

Neuendorf

Große
Jasmun
Bodde

2.

Kluis

R ü g e n

B

Zingst

Kubitzer
Bodden

Der
Grabow

Samtens

Barth

Stralsund

26

Löbnitz

Garz

Steinhagen

Richtenberg

Franzburg

Dä
W

Grimmen

**Greifs-
wald**

Tribsees

Poggendorf

E   E

Rügen

Stubbenkammer

Saßnitz

Prorer
Wiek

Ostseebad
Binz

Ostseebad
Göhren

walder
den

Peenemünde

Lubmin

Zinnowitz

Wolgast

Peene-strom

Koserow

Pommersche
Bucht

Achterwasser

Spyker

25 | Spyker

In der bewegten Boddenlandschaft, wo Himmel und See ineinander verschwimmen, nimmt sich dieses Schloß von Ferne wie ein ruhender Felsen aus. Seine Geschichte läßt sich bis ins 14. Jahrhundert zurückverfolgen. Es gilt heute als bedeutendster Profanbau der Insel Rügen. Ende des 16. Jahrhunderts als „Festes Haus" mit zwei Ecktürmen in Renaissanceformen angelegt, wurde der Baukörper nach 1650 eingreifenden barockisierenden Umbauten unterworfen. Hierauf gehen das vereinheitlichende Satteldach mit den Schaugiebeln sowie die rückwärtig angefügten Ecktürme und die geschweiften Turmhauben zurück. Aus dieser Zeit stammen auch die wertvollen Stuckdecken von Nils Erikson und Antonius Lohr. Auftraggeber war der in Anerkennung seiner militärischen Verdienste 1650 mit Spyker belehnte schwedische Feldherr Carl Gustav v. Wrangel, der als Generalgouverneur das 1648 an Schweden gefallene Vorpommern regierte.

Alleenstraße auf Rügen

GRANSKEVITZ Beeindruckender, wohl aus dem 16. Jahrhundert stammender rechteckiger Ringwall mit Außengraben. Wohnbau mit Treppenturm und späteren Anbauten über mittelalterlichen Fundamenten errichtet. Vorbildlicher Gutshof.

BOLDEVITZ Kernbau in nachwirkenden Renaissanceformen um 1635 errichtet. Seltenes Beispiel der sogenannten „Doppelhäuser", für das zwei zur Hoffront parallel verlaufende Satteldächer charakteristisch sind. Umbauten im 18. Jahrhundert und Einbau eines Festsaals, für den 1762/64 Philipp Hackert Landschaftstapeten geschaffen hat.
Reste eines Landschaftsparks mit klassizistischer Gutskapelle (1839).

26 | Putbus

In seiner auf die Landschaftsformation abgestimmten Synthese von
Fürstensitz, Stadtanlage und 1817 gegründetem Seebad (Lauter-
bach) stellt dieser Ort ein überragendes Architekturensemble dar.
Es entstand zwischen 1808 und 1840 – wahrscheinlich angeregt
durch das Doberaner Vorbild und nach Vorstellungen des Bauherrn,
Fürst Wilhelm Malte I. – in mehreren Bauphasen, doch wurde unbe-
irrt an der Formensprache der Berliner Bauschule festgehalten.
Unter Einbeziehung vom Schloß – einem 1371 ersterwähnten und
später mehrfach veränderten, schließlich bis 1962 demontierten
Bauwerk – und betonter Berücksichtigung landschaftsgestalterischer
Kriterien, sollte sich räumlich-kompositorisch schließlich die folgende Situation ergeben: Hauptachse der Stadtanlage ist die Alleenstraße. Einerseits begrenzt sie den fürstlichen Garten, wie ihre
gegenüberliegende Seite durch einheitlich aneinandergereihte Wohnbauten belegt wird. Etwa in Höhe des einstigen Schlosses öffnet
sich der Straßenzug zum Marktplatz, dessen Zugang zwei akzen-
tuierte Baukörper markieren, Theater (1819/21, von Wilhelm Stein-
bach) und Fürstenhof (1819/34). Die Alleenstraße mündet in einen
kreisförmigen Platz, den sogenannten Circus. Sein Geländegefälle
sowie die nur lockere Umbauung ermöglichen mannigfaltige Sicht-
beziehungen zur umgebenden Landschaft. Von diesem Raumgefü-
ge ausstrahlend, ergaben sich nun gestalterisch nuancierte und miteinander durch weitläufige landschaftsgärtnerische Maßnahmen ver-
netzte Zuwege nach Bergen bzw. Fürstensitz und den Badeanlagen
in Lauterbach. Ähnlich wie in Doberan bleibt also zwischen einem
städtebaulichen und rein funktionellen Hauptplatz des Stadtgefü-
ges zu unterscheiden. Auch wenn der Verlust vom Schloß als Bezugs-
und Angelpunkt vor allem der Parkanlage zu beklagen bleibt, empfiehlt sich ein Besuch nicht zuletzt wegen der dendrologischen
Besonderheiten. Bemerkenswert ist auch, daß diese 1805/30 als
englischer Landschaftsgarten konzipierte Anlage mit Staffagebauten bestückt worden ist, die nach Funktion und Bautyp der
höfischen Gartenkunst des 18. Jahrhunderts entstammen:

Jagdschloß Granitz

Orangerie (1821/24), Fasanerie (um 1835) und Affenhaus (um1830). Hinzuweisen bleibt ferner auf das Denkmal für Wilhelm Malte I. (1859, von Friedrich Drake).

LAUTERBACH Klassizistisches Badehaus „Zum Goor" (1817/33) mit prachtvoller Säulenkolonnade.

JAGDSCHLOSS GRANITZ (BINZ-GRANITZHOF) Zwischen 1837/51 entstand hier in Anlehnung an normannische Paläste und unter künstlerischer Beratung von Karl Friedrich Schinkel nach Plänen von Johann Gottfried Steinmeyer d. J. ein kastellartiges Bauwerk. Kunstgeschichtlich bemerkenswert ist die Verwendung industriell vorgefertigter Baudekorationen. Ein Aufstieg auf den Aussichtsturm empfiehlt sich unbedingt.

Hohendorf

RALSWIEK Landschaftlich vorzüglich eingeordneter schloßartiger Bau in Neorenaissanceformen (1890). Im Inneren jüngst wiederentdeckte Raumgestaltungen nach Entwürfen von Henri van de Velde.

HOHENDORF Auch ein Hitzig-Bau, 1854 errichtet. Den bewegten, insgesamt aber ausgewogen gruppierten Komplex betonen zwei leicht überhöhte Kopfbauten sowie der Treppenturm und ein 1993 wiederhergestellter Bergfried auf polygonalem Grundriß. Die ebenfalls rekonstruierten Zinnenkränze und andere Details erinnern wieder an das große Vorbild, die romantischen englischen Landsitze. Ein Landschaftspark mit älterem Baumbestand lädt zum Verweilen ein.

PAROW Historistischer Gruppenbau in Nachempfindung englischer Landsitze des späten 16. Jahrhunderts. An der Hofseite Gedenktafel für C.F. Frhr. v. Langen, den Olympiasieger

im Dressurreiten, 1928. Sehenswerte Guts- und andere Funktions-
bauten des 19. und 20. Jahrhunderts.

Reisehinweise

Rügen ist die größte und vielleicht auch die schönste Insel Deutschlands. Viel besungen und beschrieben, ist sie zum Synonym für deutsche Romantik geworden. Die wild zerklüftete Küste, stille Buchten und dunkle Wälder, schneeweiße Sandstrände, weiße Felsen am grünen Meer und tosende Brandung, sumpfige Wiesen, sanfte Hügel, schattige Haine machen aus Rügen ein Naturschauspiel. Den Inselkern umgeben große und kleine Halbinseln, kein Ort ist weiter als sieben Kilometer vom Meer entfernt. In diese vielseitige Küstenlandschaft haben die Insulaner ihre Fischerkaten und die Fürsten stolze Schlösser gesetzt. Denn die vor Wind und Wellen geschützten Binnenküsten der Bodden und Buchten mit ihren langen Schilfgürteln sind nicht nur für viele selten gewordene Vogelarten ein Paradies. Zu DDR-Zeiten wurde die Insel für viele zum Sinnbild eines Lebenstraumes: einmal auf Rügen Urlaub machen. Auch heute ist die vorpommersche Insel ein beliebtes Urlaubsziel.

Direkt an den Wassern von Strelasund und Greifswalder Bodden liegt Stralsund. Ihrer Lage verdankt die Stadt den einstigen wirtschaftlichen steilen Aufstieg, der ihr Ansehen, Macht, Schönheit und Reichtum bescherte. Die verkehrstechnische Schlüsselposition mit geschütztem Hafen war damals wie heute entscheidend. Die Meerstadt und ihre Silhouette ist von Rügen aus betrachtet besonders beeindruckend: „...mit seinen hohen und gotischen Türmen, dem wunderbar gebauten Rathaus und den vielen spitzen Giebeln mit durchbrochenem Mauerwerk", wie Wilhem von Humboldt in seinem Tagebuch notierte. Das Rathaus sollte man aber unbedingt auch von nahem sehen, es wird oft als das schönste seiner Art in Norddeutschland bezeichnet. Den Alten Markt säumen Häuser aus verschiedenen Stilepochen und daneben erhebt sich wuchtig die älteste der drei großen Stralsunder Pfarrkirchen, St. Nikolai. Das Ensemble der Altstadt wurde als internationales Flächendenkmal in die UNESCO-Liste aufgenommen.

Garz ist Rügens älteste Stadt, schon 1317 wurde dem Ort das Stadtrecht verliehen. Eingeschossige Giebel- und Traufenhäuser mit Krüppelwalmdach, die nach dem Brand 1765 entstanden, prägen das Bild der Stadt mit dörflichem Charakter. Heraus ragt, wenn auch hinter Bäumen versteckt, das um 1750 gebaute riedgedeckte Pfarrhaus (Wendorfer Straße 17). In der spätgotischen Backsteinkirche St. Petri stehen ein barocker Altar mit figürlichem Dekor aus der Werkstatt von Elias Keßler und ein romanischer Taufstein. Der südlich gelegene Burgwall erinnert an die zertörte, slawische Burg Charenza, auf der die Rügenfürsten residierten.

Im Herzen der Insel liegt Bergen, der zentrale Ort, von dem sternförmig die Hauptverkehrsstraßen in alle Inselteile führen. Am Markt steht das älteste Fachwerkhaus Rügens und ganz in der Nähe die mehr als 800 Jahre alte Marienkirche. Lohnend ist ein Spaziergang zum Rugard. Auf dem 91 Meter hohen Berg, auf dem schon im 9. Jahrhundert eine slawische Burg thronte, steht heute der Ernst-Moritz-Arndt-Turm.

Vom Jagdschloß Granitz aus ließen sich die Gäste des Fürsten Wilhelm Malte I. an den Strand des heutigen Ostseebades Binz bringen. Damals bestand es nur aus wenigen Fischerkaten und entwickelte sich dann von 1870 bis etwa 1910 zum bedeutendsten und elegantesten Bad auf Rügen. Besonders an der Strandpromenade sind Hotels und Pensionen mit den für die Bäderarchitektur typischen reich gegliederten Fassaden erhalten. In dem dominanten dreiflügeligen Kurhaus traf sich in den 20er und 30er Jahren eine mondäne Gesellschaft.

Langgestreckt liegt Sassnitz am Südrand des bergigen Naturschutzgebietes Stubbenkammer. Bis etwa 1920 gehörte es zu den bekanntesten Badeorten Rügens. Johanes Brahms und Theodor Fontane waren die prominentesten Gäste. Von Sassnitz aus führt der Hochuferweg zu den Wäldern der Stubbenkammer mit den berühmten Kreidefelsen, darunter den Wissower Klinken, die durch Caspar David Friedrichs Bild „Kreidefelsen auf Rügen" so berühmt wurden.

Wie ein Wellenbrecher liegt die Insel Hiddensee vor dem größeren Rügen. In der Abgeschiedenheit ist vieles ursprünglich und bescheiden geblieben. Jahrhundertelang lebten die Bewohner von Fischerei und Landwirtschaft, bis 1880 die ersten Feriengäste kamen. Es waren vor allem Künstler und Wissenschaftler, die die Ruhe genossen. Thomas Mann, Gerhard Hauptmann, Albert Einstein, Gustav Gründgens, Sigmund Freud, Hans Fallada und Joachim Ringelnatz gingen am goldgelben Strand oder in den Dünen spazieren. Noch heute stört kein Motorenlärm die Idylle, keine Abgase verpesten die Luft, denn private Autos sind auf der Insel nicht zugelassen.

Auskunft

Fremdenverkehrsverband Rügen, Am Markt 4, 18528 Bergen,
Tel. 03838/807 70, Fax 25 44 40.

Bergen: Tourist-Information, Markt 11,
Tel. und Fax 03838/81 12 06.

Ostseebad Binz: Kurverwaltung, Heinrich-Heine-Straße 7,
Tel. 038393/374 21, Fax 20 83.

Sassnitz: Fremdenverkehrsbüro, Seestraße 1,
Tel. 038392/320 37, Fax 360 80.

Hiddensee: Tourist-Information, Norderende 162, Vitte,
Tel. 038300/642 27, Fax 642 25.

Aussichtspunkte

In Bergen: Vom 27 Meter hohen Ernst-Moritz-Arndt-Turm auf dem
Rugard reicht der Blick bei guter Sicht über die gesamte Insel
bis zu den Kirchtürmen von Stralsund.

In der Stubbenkammer: Vom Boot aus (Ausflugsfahrten ab
Sassnitz) läßt sich der weltberühmte Kreidefelsen „Königsstuhl"
wohl am besten betrachten. Einen anderen auch unvergeßlichen
Blick auf die Klippen hat man von der etwas unterhalb des
Königsstuhls gelegenen „Viktoriasicht".

Museen

Stralsunder Deutsches Museum für Meereskunde und Fischerei,
Katharinenberg 14-17 (Eingang Mönchstraße 25),
Tel 03831/29 51 35, Mai-Okt. tägl. 10-17 Uhr (Juli, Aug. Mo-

Do 9-18 Uhr), Nov.-April Di-So 10-17 Uhr, Meereskunde, Meeresbio-
logie, Küsten- und Hochseefischerei, 50.000-Liter-Meeresaquarium.

Garzer Ernst-Moritz-Arndt Museum, In den Anlagen,
Tel. 038304/122 12. Mai-Okt. Di-Sa 10-16 Uhr, Nov.-April Di-Sa 11-
15 Uhr, informiert über das Leben des Dichters.

Proraer KulturKunststatt (bei Binz), Südstrandstraße, Gebäude-
trakt 54, Tel. und Fax 038393/326 96, im Sommer tägl. 9-18.30 Uhr,
im Winter 10-17 Uhr, Museum und Dokumentation des „KDF-
Seebads", Modell der Anlage, Galerie Rügener Künstler.

Hiddenseer Gerhardt Hauptmann-Gedenkstätte, Kloster,
Tel. 038300/397, April-Okt. tägl. 10-17 Uhr, Nov.-März 11-14 Uhr,
Arbeits- und Wohnräume des Dichters im Haus „Seedorn".

Besichtigung von Schlössern und Herrenhäusern

Jagdschloß Granitz bei Binz, Tel. 038393/22 63, einmaliger Aus-
blick über die Insel von der Aussichtsplattform, Führungen nach
Anmeldung, Gastronomie im Schloßkeller und auf der Terrasse.

Natur- und Nationalparks

Nationalpark Vorpommersche Boddenlandschaft, besteht bei einer
Größe von 805 km^2 zu etwa 85 Prozent aus Ostsee- und Bod-
dengewässern. Dazu gehören außerdem große und kleine Inseln
und Halbinseln, darunter Darß, Zingst, Hiddensee und Teile von
Westrügen (Verwaltung: Im Wald 13, 18375 Born,
Tel. und Fax 038234/295).

Nationalpark Rügen, Jasmund und Biosphärenreservat
Südost-Rügen mit über 100 Meter hoher Steilküste mit

Kreidefelsen und einem geschlossenem Buchenwaldgebiet (Verwaltung: Blieschow 71, 18586 Lancken-Granitz, Tel. 038392/350 11, Fax 350 54).

Wohnen in Schlössern und Herrenhäusern

Schloßhotel Spyker, Schloßallee, 18551 Spyker/Insel Rügen, Tel. 038302/20 83.

Schloßpark-Hotel Hohendorf, 18445 Hohendorf/Stralsund, Tel. 038323/806 38.

Weitere Vorschläge für Unterkünfte

Stralsund: Zur Post, Tribseer Straße 22, Ecke Am Neuen Markt, Tel. 03831/20 05 00, Fax 20 05 10, gehobener Komfort inmitten der Altstadt, im Restaurant kann man sehr gut essen.

Ostseebad Binz: Vier Jahreszeiten, Zeppelinstr. 8, Tel. 038393/500, Fax 504 30, vornehmes Hotel mit Schwimmbad.

Ostseebad Göhren: Nordperd, Nordperdstraße 11, Tel. 038308/70, Fax 7160, kleine, aber gut ausgestattete Zimmer.

Lohme: Hotel Lohme, Dorfstraße 35, Tel. 038302/92 21, Fax 92 34, es lohnt sich ein Zimmer mit Aussicht zu mieten, der Blick geht direkt auf das freie Meer.

Hiddensee: Heiderose, In den Dünen 127, Tel. 038399/630, Fax 631 24, himmlische Ruhe in der Dünenheide zwischen Vitte und Neuendorf.

Steinhagen

Richtenberg

Franzburg

Grimmen

**Greifs-
wald**

Poggendorf

Greifswalder
Bodden

Dänische
Wiek

Lub

Eldena

Trebel

Peene

Gützkow

Jarmen

Dargun

Demmin

27 Vanselow

Kumme-
rower
See

Altenhagen

Burow

29 Festung
Spanteko

Reuterstadt
Stavenhagen

S

Altentreptow

Fried

Kitten-
dorf
Varchentin

Neubrandenbur

Groß Plasten

Tollense-
see

Burg Stargard

V

**Usedom und
entlang der Peene**

Peenemünde

Peene-strom

ast

Zinnowitz

Koserow

Pommersche
Bucht

Achterwasser

U s e d o m

Seebad Heringsdorf
Seebad Ahlbeck

assan

28 Buggenhagen

lam

Usedom

Stettiner Haff
(Oderhaff)

Ducherow

Ueckermünde

Torgelow

Randow

becker
ee

Polen

nbeck

30 Krugsdorf

Straßburg

Uecker

Pasewalk

Löcknitz

27 Vanselow

Von der Hauptstraße abbiegend, führt die Fahrt nach Vanselow entlang der alten Allee, vorbei an wiederhergestellten Wirtschaftsbauten und einem gepflegten Dorfkirchlein, wo sich das schloßartige Herrenhaus mit seiner breiten Auffahrt einladend öffnet. Die Geschichte reicht hier weit zurück. In unmittelbarer Nähe vom Dorfkern blieb eine 1265 ersterwähnte Burgstelle erhalten, von der sogar noch Baureste existieren. 1332 kam das Gut zu den v. Maltzahns, einer uralten ostelbischen Familie, deren Nachkommen hier seit 1990 wieder Landwirtschaft sowie gepflegte Gastronomie betreiben. Und es bleibt an Hans Karl v. Winterfeldt zu erinnern, einst Flügeladjutant Friedrichs der Große, der in Vanselow 1707 geboren worden ist.

Das 1991 vollständig renovierte Herrenhaus, ein spätklassizistischer Bau, entstand 1869/71 nach Plänen von Georg Daniel. Die interessante Treppenkonstruktion und innere Raumstruktur des Gebäudes vermitteln etwas vom Wohnkomfort jener Zeit. Hinter dem Herrenhaus erstreckt sich das Tollense-Tal, zu dem ein kleiner Park überleitet.

SCHMARSOW Sehenswertes, in Renaissanceformen als Dreiflügelanlage ausgebildetes Herrenhaus (Anfang 17. Jahrhundert, 1796 erneuert).

KARTLOW Historistischer Schloßbau (1853/58) in romantischer Nachempfindung spätmittelalterlicher deutscher Burgen nach Plänen von Friedrich Hitzig. Ausgedehnter Landschaftspark nach Entwurf von Peter Joseph Lenné, datiert 1840.

KUNTZOW Klassizistisches Herrenhaus (1822).

Bömitz

NEETZOW Historistischer Schloßbau (1848/51) in romantischer Nachempfindung englischer Landsitze mit bemerkenswerter Innenarchitektur nach Plänen von Friedrich Hitzig. Ausgedehnter Landschaftspark.

BÖMITZ Übrigens, dieses Herrenhaus gilt durch seine Baustruktur als Rarität! Verläßliche Nachrichen zur Gutsgeschichte liegen kaum vor. Eine urkundliche Ersterwähnung datiert von 1340. Nach Unterlagen von 1693 hat es den Anschein, daß der Gutshof in den kriegerischen Auseinandersetzungen des 17. Jahrhunderts zur Wüstung verkommen war. Der Wiederaufbau des Gutsbetriebes zog sich hin, und erst 1729 wird für Bömitz wieder ein Pächter vermeldet.

Der Kernbau des heutigen, klassizistische Bauformen aufweisenden Herrenhauses stammt noch aus dem 18. Jahrhundert und scheint überhaupt mehrfach verändert worden zu sein. Die hieran stumpfwinklig antoßenden Seitenflügel, die nicht eindeutig zu datieren sind, verleihen dem Baukomplex eine Form, die in Meck-

129

lenburg-Vorpommern selten anzutreffen ist, so etwa in Gustävel und Leppin. Parkanlage mit älterem Baumbestand.

QUILOW Lebhaft gegliedertes Renaissanceschloß (16. Jahrhundert).

KARLSBURG Barockschloß (1732) mit teilweise erhaltener Innenarchitektur. Reste der barocken Gartenanlage in den späteren Landschaftspark einbezogen.

28 Buggenhagen

Von weitem wirkt es schon barock, dieses kleine Schloß. Ein Besuch lohnt sich allemal, auch wenn dem Gebäude als Baudenkmal nennenswerte kunstgeschichtliche Bedeutung kaum zukommt. Die Baugeschichte ist nahezu unbekannt. Offensichtlich über älteren Fundamenten errichtet, stammt der Kernbau aus der Mitte des 18. Jahrhunderts und ist später – so 1842 und um die Jahrhundertwende – erweitert worden. Eingebunden in das zu großen Teilen erhaltene Gutsensemble, erweist sich das Schloß als unverzichtbares Geschichtszeugnis für seine Region. Hierin liegt sein Reiz!

LASSAN Kleinstadt mit mittelalterlichem Kirchbau und nach 1300 errichteter Befestigung.

WOLGAST Einstige Residenzstadt der Pommernherzöge, deren Grablage in der St. Petrikirche jetzt zugänglich ist.

ANKLAM Steintor (1450) und Hoher Stein (1458) – ein Wartturm der mittelalterlichen Landwehr – als Reste der einstigen Stadtbefestigung.

MELLENTHIN/USEDOM Wasserschloß (1575/88) in bescheidenen Renaissanceformen.

PUDAGLA/USEDOM Schloß (1574) – ehemaliges Abtshaus eines hier 1308 angesiedelten Prämonstratenserklosters – in bescheidenen Renaissanceformen.

29 Festung Spantekow

In Mecklenburg-Vorpommern stellen Flachlandfestungen solchen Ausmaßes – die umbaute Fläche mißt hier 190 x 250 Meter – eine ausgesprochene Rarität dar. Ihr Ausbau von einer mittelalterlichen Burg zur neuzeitlichen Wehranlage, gemäß dem Stand damaliger Militärtechnik, erfolgte 1558/67 unter Ulrich I. von Schwerin. Bis zu 50 Meter breite Wassergräben, Wälle und Festungsmauern, Eckbastionen und Kasematten boten einen sicheren Schutz vor Feuerwaffen. Im Festungsinneren haben sich in sparsamen Renaissanceformen aufgeführte, später veränderte Wirtschafts- und Wohnbauten mit bauzeitlicher Raumgestaltung erhalten. 1677, während des schwedisch-brandenburgischen Krieges, wurde die Festung in Teilen geschleift.

MUGGENBURG Einstige Wasserburg, deren Bergfried 1889/91 in den neogotischen Schloßbau einbezogen worden ist.

131

VESTE LANDSKRON (Gemeinde Neuendorf B) Wehranlage (1576/79), nach dem 30jährigen Krieg in Verfall geraten und seit dem 19. Jahrhundert als romantischste Burgruine Pommerns gerühmt.

30 Krugsdorf

„Von innen nach außen zu bauen und die Schönheit des Materials voll zu nutzen", diese Idealvorstellung der Reformarchitekten sollte die Formgebung der im Landhausstil konzipierten herrschaftlichen Wohnbauten nachhaltig prägen. Ausdrucksvolle Dachsilhouetten, sorgfältig abgestimmte Materialwirkungen, glatte Wandflächen und kontrastierende Fensteröffnungen kennzeichnen das architektonische Erscheinungsbild solcher Bauwerke, zu denen auch das Krugsdorfer Herrenhaus (1921) zählt. Verzahnt mit dem alten, um

Krugsdorf

1880 modernisierten Gutshof und dem Areal der Dorfkirche (18. Jahrhundert), blieb hier ein überzeugendes kleines Gutsensemble erhalten.

Reisehinweise

Die „Perle Vorpommerns" wird Usedom genannt. Kein Wunder: Bade- und Fischerorte, Seen, Wälder, Wiesen und ein 38 Kilometer langer Sandstrand machen die Insel zu einem Urlaubsparadies. Eine landschaftliche Spezialität der Ostseeküste sind die Bodden, das ist eine einmalige Wasserlandschaft aus Hügeln, die in Jahrtausenden zu Inseln wurden, und Meerengen, die immer weiter versanden. Diese reizvolle Landschaft zog von jeher Siedler wie Reisende in ihren Bann. Auch das Flußtal der Peene von Demmin bis Anklam wurde zum bevorzugten Siedlungsgebiet, da der Fluß seit Jahrhunderten schiffbar ist.

Demmin liege im „Dreistromland", sagen die Bewohner schmunzelnd, denn die Stadt liegt an der Mündung von Tollense und Trebel an der Peene. Besonders interessant sind in der – leider im Zweiten Weltkrieg weitgehend zerstörten – Stadt die Speicher am Flußhafen. An ihnen läßt sich die Entwicklung des Speicherbaus in den letzten zwei Jahrhunderten gut veranschaulichen: Aus der Zeit um 1800 stammt der Lübecker Speicher, ein Fachwerkbau, aus dem 19. Jahrhundert der fünfgeschossige Backsteinbau im historisierenden Stil und aus den 40er Jahren der Stahlbetonbau mit Backsteinverkleidung.

Mit dem Beitritt zur Hanse kam der Reichtum nach Greifswald. Handel, Schiffahrt und – ab 1456 mit der Gründung der Universität – ein reges Geistesleben prägten auch die Architektur der Stadt. Heute stehen neben prächtigen Kirchen und restaurierten Bürgerhäusern aus Gotik, Renaissance und Barock leider viele Ruinen und Betonklötze. Zwar blieb Greifswald von den Fliegerangriffen im Zweiten Weltkrieg verschont, doch nach 1945 wurde die historische Bausubstanz nicht gepflegt, zum Teil sogar abgerissen. „Dicke Marie" nennen die Greifswalder ihre Marienkirche aus dem 14. Jahrhundert, wegen ihrer geduckten Form die „Glucke" unter den drei größten Kirchen der Stadt. Besonders interessant im Innern der

Marienkirche sind mehr als 300 Grabsteine aus dem 14. bis 18. Jahrhundert im Fußboden und in den Seitenschiffen sowie die Wandmalereien, die unter anderem einen gestrandeten Wal zeigen. Genannt seien auch der „Lange Nikolaus", der Dom St. Nikolai, ein sehr schöner Bau aus dem 15. Jahrhundert; der „Kleine Jakob", die Jakobikirche aus dem 13./14. Jahrhundert; das Renaissance-Rathaus am Markt mit Gerichtssaal und die Universität, in der sich vor allem die Besichtigung der spätbarocken Aula lohnt. Ein Ausflug zu den Ruinen des Klosters Eldena, von wo aus die Zisterziensermönche die Hansestadt quasi begründeten, ist empfehlenswert.

Anklam ist der Geburtsort Otto Lilienthals, der seine Flugversuche zwar im Berliner Umland unternahm, aber dem als Sohn der Stadt natürlich ein Museum gewidmet ist. Eine sehr spannende Ausstellung übrigens, die Besucher sich neben dem Besuch des mittelalterlichen Steintors nicht entgehen lassen sollten. Zu sehen sind Fluggeräte im Maßstab 1:1, und im aerodynamischen Labor kann man sein physikalisches Wissen testen. Von hier aus sind es nur noch 20 Kilometer bis Usedom.

Ein Stück weiter nördlich an der Küste liegt Wolgast, das mit der Peenebrücke das nördliche Inseltor nach Usedom ist. In zehn Bildern ist die Stadtgeschichte auf dem Brunnen vor dem Rathaus dargestellt, zum Beispiel die Verleihung der Stadtrechte 1282, die Beschießung der Stadt durch die Schweden 1675 und der große Stadtbrand 1713. Die spätgotische Gertrudenkapelle ist ein Rundbau mit prächtigem Sterngewölbe inmitten des Friedhofs an der Chausseestraße. Besonderheiten der Stadt finden sich außerdem in der Burgstraße, nämlich einige barocke Kaufmannshäuser, und der Homeyer-Speicher am Hafen, der auf 99 in die Erde gerammten Eichenpfählen steht.

Der Charme vergangener glanzvoller Zeiten ist wieder in Ahlbeck eingezogen. In wilhelminischen Zeiten kamen die Hauptstädter, um recht herrschaftlich an der See den Urlaub zu genießen. Zwischen 1860 und 1914 entstanden die großzügen Villen, die Pensionen mit Erkern und Türmchen, großen Wintergärten und verspielten Balkonen, die Strandpromenade und die Kurmuschel.

Am Strand entlang kann man nach Heringsdorf laufen, einem weiteren Seebad auf Usedom. Heringsdorf galt früher als das vornehmste Quartier, denn hier residierte die kaiserliche Familie in den Sommermonaten. Parks umgeben die Villen und noblen Pensionen. Wie jedes Seebad an der Ostseeküste, das etwas auf sich hält, hat auch die Stadt mit den drei Heringen im Wappen eine stattliche Seebrücke. Ein nettes Plätzchen mit Kaffeehausmusik ist das alte und jetzt renovierte Café „Des Kaisers Pavillon".

Bansin, auch ganz vom Stil der Bäderarchitektur des vergangenen Jahrhunderts geprägt, ist der jüngste Bade-, Kur- und Erholungsort an diesem Küstenstrich. Er ist umrahmt von drei kleinen Seen und hat selbstverständlich auch eine prächtige Strandpromenade und eine Seebrücke zu bieten, auf der man 185 Meter aufs Meer hinauslaufen kann. Bis nach Zinnowitz erstreckt sich der wunderschöne Strand, wo man im Café Kaffee und leckeren Kuchen bekommt.

Auskunft

Fremdenverkehrsverband Vorpommern e.V., Fischerstr. 11,
17489 Hansestadt Geifswald, Tel. 03834/89 82 38, Fax 89 92 56.

Demmin: Information, Am Markt 23,
Tel. 03998/25 63 23, Fax 25 63 33.

Greifswald: Fremdenverkehrsverein, Schuhhagen 22,
Tel. 03834/34 60, Fax 37 88.

Anklam: Information, Am Steintor, Tel. 03971/21 05 41.

Wolgast: Information, Rathausplatz 6, Tel. 03836/60 01 18 oder
25 11 90, Fax 60 01 18.

Ahlbeck: Kurverwaltung, Dünenstraße 45,
Tel. 038378/244 14, Fax 319 56.

Heringsdorf: Kurverwaltung, Kulmstraße 33, Tel. 038378/222 34.

Bansin: Kurverwaltung, Waldstraße 5c, Tel. 038378/294 33.

Ausblicke

In Greifswald: Logenplatz über dem „grünen Billardtuch der
unabsehbaren Ebene Vorpommerns", so die Beschreibung Fritz
Reuters, auf dem 99,9 Meter hohen Turm des Doms St. Nikolai.

Von Heringsdorf aus: Rundflug über Usedom und die Ostseeküste
(Info bei der Kurverwaltung, siehe oben).

Museen

Greifswalder Museum der Stadt, Theodor-Pyl-Straße 2,
Tel. 03834/27 20, Mi-So 10-18 Uhr, Juli, Aug. auch Mo,
Di 13-18 Uhr, Stadtgeschichte, Werke von Caspar David Friedrich.

Anklamer Otto-Lilienthal-Museum, Ellbogen-Straße 1,
Tel. 03971/24 55 00, Di-Fr 9-16 Uhr, So 14-17 Uhr, Mai-Sept. auch
Sa, Ausstellung über den Flugpionier und Flugapparate in Ori-
ginalgröße, und Heimatmuseum/Museum im Steintor, Schulstraße
1, Tel. 03971/24 55 03, Di-Fr 10-17 Uhr, So 14-17 Uhr, Mai-Sept.
auch Sa, Geschichte der Stadt und der Region.

137

Wolgaster Heimatmuseum, Rathausplatz 6, Tel. 03836/20 30 41, in fast quadratischem Fachwerkhaus, der „Kaffeemühle", rekonstruiert wie 1720.

Heringsdorfer Villa Irmgard, Maxim-Gorki-Straße 20, Tel. 038378/223 61, tägl. 9-12, 13-16 Uhr, der russische Dichter Gorki verbrachte den Sommer 1922 in diesem Haus.

Bansiner Gedenkatelier Rolf Werner, Seestraße 60, Tel. 038378/292 28, Führungen tägl. 11 Uhr, Di, Do, Sa, So auch 18 Uhr, Atelierhaus des Malers Rolf Werner (1916-1989).

Natur- und Nationalparks

Nationalpark Usedom mit Boddenlandschaft und Haffs (Verwaltung: Gothenweg, 17419 Korswandt, Tel. und Fax: 038378/319 13).

Wohnen in Schlössern und Herrenhäusern

Schloß Buggenhagen, Straße des Friedens 6, 17440 Buggenhagen, Tel. und Fax 038374/802 30.

Schloßhotel und Restaurant Krugsdorf, Zerrenthiner Straße 2, 17309 Krugsdorf, Tel. 039743/50 341, Fax 50254.

Greifswald: Hotel Kronprinz, Lange Straße 22, Tel. 03834/790-0, Fax 79 01 11, direkt am Park, zentrale Lage.

Heringsdorf: Hotel See-Eck, Seestraße 1, Tel. 038378/319 81, Fax 229 74.

Ahlbeck: Hotel Auguste Viktoria, Bismarckstraße 1-2,
Tel. 038378/24 10, Fax 241 44, die Jugendstilvilla wurde um 1900
für Kaiserin Auguste Viktoria gebaut.

Bansin: Hotel Bansiner Hof, Strandpromenade 27,
Tel. 038378/550, Fax 552 55, direkt am Meer.

Usedom auf Usedom: Norddeutscher Hof, Markt 12,
Tel 038372/702 66, Fax 707 12, am historischen Marktplatz im
beschaulichen Ort.

Buggenhagen

Kulinarisches

Die regionale Küche gilt als einfach und deftig. Auf den Tisch kam schon immer, was das Land zu bieten hat: Fisch aus den Seen und der Ostsee, Kartoffeln und Kohl vom Feld. Das traditionelle Getränk dazu war und ist Bier. Über Jahrhunderte war Fisch ein billiges, einfach zubereitetes Alltagsessen. Er wurde in Salzwasser gekocht und mit Meerrettich und Salzkartoffeln serviert. Auch heute sind Fischgerichte charakteristisch für die Speisekarten vieler Restaurants, meist nicht mehr ganz so deftig, in einigen exquisit zubereitet. In Vorpommern kocht man anders als in Mecklenburg, an der Küste variantenreicher als im Hinterland. Dort warten allerdings Wild und Geflügel auf den anspruchsvollen Gast. Wie wäre es mit Hirschbraten mit frischen Pflaumen, Preiselbeeren und Sahne oder Ente nach pommerscher Art gefüllt mit Äpfeln und Sauerkraut?

Ein paar Tips

Der Koch des Restaurants „Pück" in der Schweriner Altstadt (im Schleswig-Holstein-Haus, Schliemannstraße 2, Tel. 0385/56 32 53) tut etwas für den kulinarischen Ruf Mecklenburg-Vorpommerns. In dem kleinen Restaurant mit 32 Plätzen wird bodenständige Küche mit mediterranen und sogar asiatischen Einflüssen serviert. Der Renner im „Pück" ist allerdings die klare Kartoffelsuppe mit Kalbsleberklößchen. Allein wegen der Ingwer-Melissen-Sauce lohnt das gegrillte Meerbarbenfilet.

Der Name hält, was er verspricht: Das Restaurant „Ambiente" in Ludwigslust (im Landhotel De Weimar, Schloßstraße 15, Tel. 03874/4180) lockt mit seiner wunderschönen architektonischen Ausstattung – es ist das geschmackvoll renovierte Gästehaus der Herzöge von Mecklenburg – und mit einer sehr guten Küche. Ein Geheimnis der Kochkunst: Die Produkte stammen aus der

Region. Lamm von Rügen und Fische aus den Seen werden hier nach der hohen Kunst des Kochens zubereitet. Tatar von Ostseehering in Lindenblütenhonig, Räucheraal und Bachsaibling, dazu Kartoffeln vom Bauern aus dem Nachbardorf sind nur einige der empfehlenswerten Gerichte.

Der einstige Herrensitz „Schloß Groß Plasten" (Dorfstraße 43, Tel. 039934/80 20, Fax 802 99) wartet mit Kochkünsten auf, die als die besten rund um Waren gelten. In dem beeindruckenden, gut fünf Meter hohen und fast 40 Meter langen Speisesaal des neobarocken Herrenhauses gibt es landestypische Gerichte und italienische Küche. Im Sommer hat man von der Terrasse einen herrlichen Blick auf den hauseigenen See (Kapitel Mecklenburgische Schweiz).

Im Alten Gutshaus in Neu Garz kocht die Hausherrin selbst für ihre Gäste, allerdings nur nach Anmeldung (Telefon und Fax 039929/702 55). Sie bereitet für diese Region typische Gerichte, dazu werden vorzügliche Weine aus dem Weinkeller angeboten (Kapitel Mecklenburgische Schweiz).

Unter Kastanienbäumen auf der Terrasse speisen, das bietet das Parkhotel Klüschenberg in Plau (Klüschenberg 14, Tel. 038735/379). Zanderfilet, Truthahn und Barsch sind die Highlights der Küche. Eine echte Überraschung zum Dessert: Haferflocken-Pfannkuchen mit Grütze aus Äpfeln, Quitten und Hagebutten.

In Alt Reddevitz auf Rügen liegt in einer umgebauten Scheune „Kliesow's Reuse" (Dorfstraße 23 a, Tel. und Fax 038308/2171, Dienstagmittags geschlossen). Auf der Speisekarte des großen, populären Fischlokals stehen selbstverständlich zahlreiche Meereskreationen. Zu empfehlen sind die eingelegten Heringe und der Fisch vom Tage.

Der frühere Stall hat jetzt eher den Charakter einer altdeutschen Stube. Im Restaurant „Zum Thünenstall" bei Tellow (Tel. und Fax 039976/503 95, Mo. geschlossen) werden ausge-

zeichnete Wildspezialitäten zubereitet. Warme Küche gibt es allerdings erst ab 17 Uhr (siehe Mecklenburgische Schweiz).

Mit einem gläsernen Außenaufzug erreicht man das Restaurant
„La Mer" im Seebad Ahlbeck (Dünenstraße 19-21, Tel. 038378/520).
In dem Panoramarestaurant lassen sich die vorzüglichen Speisen
bei herrlicher Aussicht genießen.

Festlich gedeckt ist im Restaurant „Vier Tore" in Neubrandenburg (im Radisson SAS Hotel, Treptower Str. 1, Tel. 0395/558 60).
Die Liste der regionalen Speisen führt eindeutig die gebeizte Kanin-
chenkeule mit Johannisbeersauce an, aber auch internationale Küche
wird in dem angenehmen, modernen Ambiente geboten.

Mittendrin im Hochbetrieb gibt es ein kulinarisches Eiland:
Das Restaurant „Il Ristorante" in Warnemünde (im Haus Atlantic,
Am Strom 107, Tel. 0381/526 55) zaubert sorgfältig zubereitete
und gut abgeschmeckte Speisen sowie hervorragende italienische
Weine auf den Tisch des Gastes. Die gemischte Vorspeise ver-
wöhnt den Gaumen weit mehr als der schlichte Name verspricht.

Veranstaltungen

Mai-September: Orgelsommer in Ribnitz-Damgarten; Rossini-Opernfestival in Putbus.

Juni: Pfingstmarkt in Rostock; Bachwoche in Greifswald; Jazz-Blues-Soul Festival in Stralsund in der Chorruine des St. Johannisklosters.

Juni-September: Musiksommer an der Müritz in Kirchen und in der Feldscheune Ulrichshusen; Sommermusikreihe in St. Marien in Anklam.

Juli: Sommerfest auf Schloß Güstrow; traditionelles Volksfest in Malchow am ersten Wochenende im Juli; Wallensteintage in Stralsund; internationales Folkloretanzfest in Ribnitz-Damgarten.

Juli-August: Festspiele Mecklenburg-Vorpommern mit Konzerten an verschiedenen Orten (Info: Tel. 0385/51 23 91); Musiksommer Mecklenburg-Vorpommern (Tel. 0381/45 27 68); Serenaden und Jazzkonzerte in der Klosterruine Eldena bei Greifswald; Orgelsommer in Stralsund und Rostock; Schweriner Sommer und Schloßgartenkonzerte; Störtebeker-Festspiele in Ralswiek auf Rügen.

August: Sommerfest in Ludwigslust (Info: 03874/281 14).

September: Usedomer Musikfestival.

Glossar

Achse	gedachte Linie im kompositorischen Aufbau eines Lageplanes bzw. eines Grund- oder Aufrisses von Gebäuden bzw. Ensembles
Allee	durch parallel verlaufende Baumreihen gebildeter Baumgang
Altsiedelland	mitteleuropäische Gebiete, von denen seit dem 9. Jahrhundert Siedlungsbewegungen ausgingen
Arkade	auf Pfeilern oder Säulen bzw. Wandvorlagen ruhende Bogenreihe
Attika	brüstungsartiger Aufbau oberhalb des Hauptgesimses eines Gebäudes
Backsteinbau	Mauerverbände aus unverkleidetem Backstein
Barock	europäischer Baustil, in Deutschland ca. 1650 bis 1750
Bauernlegen	Einziehen von Bauernstellen im Zusammenhang mit der Herausbildung von Großgrundbesitz
Bergfried	innerer Haupt- und Fluchtturm einer mittelalterlichen Burg
Blende	Scheinarchitektur zur Wandgliederung massiver Baukörper, u.a. in Form von Bögen und Arkaden
Bodenreform	im Herbst 1945 in der damaligen Sowjetischen Besatzungszone rigoros durchgeführte entschädigungslose Enteignung aller landwirtschaftlichen Betriebe von mehr als 100 Hektar sowie deren Parzellierung und Vergabe an sogenannte Neubauern
Bohlenbinderdach	besondere, holzsparende Dachkonstruktion
Burg	bewohnte mittelalterliche Wehranlage, errichtet unter Ausnutzung günstiger Geländebedingungen als Höhen-, Niederungs- oder Wasserburg

Chinoiserie	freie Nachbildungen fernöstlicher Zierformen in der europäischen Kunst des 17. und 18. Jahrhunderts
Christogramm	Namenszeichen Jesu Christi, gebildet aus den Anfangsbuchstaben des griechischen Namens bzw. allgemeines Zeichen für Christentum
Cottagen	kleine, malerisch aufgebaute Landhäuser
Dekor	Gesamtschmuck einer Fläche
Denkmal	- Gebäude oder plastisches Werk zur Erinnerung an eine Persönlichkeit oder ein historisches Ereignis bzw. - Gebäude oder Bauensemble, die aufgrund historischer, kultur- oder kunstgeschichtlicher Erwägungen erhaltenswert und denkmalpflegerisch zu betreuen sind
Domäne	in Staatsbesitz befindliches Landgut
Donjon	wehrhafter Wohnturm einer mittelalterlichen Burg
Empire	baukünstlerische Strömung des Klassizismus, gekennzeichnet durch antike römische und ägyptische Stilelemente
Enfilade	streng axial ausgerichtete Raumfolge
Fachwerkbau	Gebäude mit einer Konstruktion aus einem Holzbalkengerüst, dessen Gefache durch Bohlen, Lehmflechtwerk, Ziegel oder Feldsteine geschlossen sind
Festonallee	seltene gärtnerische Ausformung einer Allee durch einen Kronenzuschnitt in Form bogenförmiger Hängegirlanden
Festung	Flucht-, Wehr- und Verteidigungsanlage, seit Erfindung der Feuerwaffen eine selbständige Bauaufgabe
Florisstil	auf den Niederländer Cornelis Floris zurückgehendes System dekorativer Ornamentik

Friderizianisches Rokoko	Sonderform der Rokokoausstattung, wie sie sich unter Friedrich der Große herausgebildet hat
Ganerbenburg	durch mehrere Miterben gemeinschaftlich genutzte Besitzung
Gotik	europäischer Baustil, in Deutschland 13. bis 16. Jahrhundert
Hauptgesims	waagerecht aus der Mauerflucht vorkragendes Bauglied unterhalb des Dachansatzes
Heimatstil	Bezeichnung nach einer 1900 einsetzenden Architektursprache, die sich aus dem Bauhandwerk und traditionellen Formen heimatlicher Baukunst nährt
Herrenhaus	dörflicher Wohnsitz eines Gutsbesitzers in Verbindung mit der Wirtschaftsanlage des Gutshofes
Historismus	in der Baukunst des 19. Jahrhunderts praktizierter Rückgriff auf historische Gestaltungselemente von der Romanik bis zum Klassizismus
Hufe	im Frühmittelalter übliche Bezeichnung für den Grundbesitz der Einzelfamilie, gemessen an der Gemeindeflur
Jugendstil	dekorative Kunstrichtung, in Deutschland ca. 1890 bis 1900
Klassizismus	europäischer Baustil, in Deutschland 1770 bis 1830
Kübbungshaus	niedersächsisches Bauernhaus mit Längsdiele und beiderseitigen Kübbungen (Abseiten) zur Aufnahme der Ställe
Lünette	halbkreisförmiges Bogenfeld oberhalb von Türen und Fenstern
Mezzanin	niedriges Zwischen- oder Halbgeschoß
Neues Bauen	Bezeichnung einer Architektursprache der 1920er Jahre, die auf rationelle, kubische Baukörper ausgerichtet ist

Nische	Mauervertiefung zur Wandgliederung
Ostelbien	einstiges Kolonisationsgebiet bzw. historische Kulturlandschaft östlich der Elbe
Palas	Wohnbau einer mittelalterlichen Wehranlage
Parterre	ebenerdig liegendes Geschoß bzw. in der französischen Gartenanlage die dem Schloß vorgelagerte Gartenfläche
Pavillon	kleine freistehende Gartenbauten bzw. plastisch stark aus der Fassade heraustretende Gebäudeteile
Polygon	vieleckiger Gebäudekörper
Portikus	von Säulen und Pfeilern gestützter Vorbau am Haupteingang eines Gebäudes
Renaissance	europäischer Baustil, in Deutschland 16. bis 17. Jahrhundert
Revolutionsarchitektur	baukünstlerische Strömung des 18. und 19. Jahrhunderts, beruhend auf geometrischen Grundformen und gekennzeichnet durch weitgehenden Verzicht auf antikisierende Elemente
Risalit	vorspringender Teil eines symmetrisch angelegten Gebäudes
Ritterschaft	Korporation der grundbesitzenden adligen und bürgerlichen Familien
Rokoko	höfischer Dekorationsstil der Ausgangsphase des Barock, ca. 1720 bis 1770
Romanik	europäischer Baustil, in Deutschland 10. bis 12. Jahrhundert
Rustika	Mauerwerk aus grob zugehauenen Werksteinquadern
Schloß	repräsentativer Wohnsitz eines Fürsten oder einer vergleichbaren Standesperson, der nicht zugleich Wehrzwecken dient
Stukkatur	Stuckdekoration eines Innenraumes

Terrakotta	gebrannte, unglasierte Tonware
Tudorgotik	in der Baukunst des 19. Jahrhunderts praktizierter Rückgriff auf Gestaltungselemente des spätgotischen englischen Tudorstils
Volute	spiralförmig aufgerolltes Bauglied zur Vermittlung zwischen horizontalen und vertikalen Baulinien
Vorwerk	vom Hauptgut abgetrennte Wirtschaftseinheit
Werkstein	steinmetzmäßig bearbeiteter Naturstein
Wüstung	aufgelassene, zerstörte Siedlung mit zumeist brachliegenden landwirtschaftlichen Flächen
Zopfstil	Übergangsstil vom Rokoko zum Klassizismus

Glossar zusammengestellt nach

Der Neue Brockhaus
Bd. 1-4, Leipzig 1936
Lexikon der Kunst
Bd. 1-5, Leipzig 1968

Kadatz, Hans-Joachim, Wörterbuch der Architektur, Leipzig 1980

Der Autor

Dieter Pocher, Dr. med. et phil.,
geboren 1952,
lebt und arbeitet in Güstrow:
Facharzt für Allgemeinmedizin in
eigener Praxis;
Kunsthistoriker, profunder Kenner
der norddeutschen Kunst- und
Kulturgeschichte.

Literatur

Adamiak, Josef
Schlösser und Gärten in Mecklenburg
Leipzig 1975

Baier, Gerd, H. Ende, B. Oltmanns, W. Rechlin
Die Bau- und Kunstdenkmale in der DDR. Bezirk Neubrandenburg
Berlin 1982

Baier, Gerd, H. Ende, B. Oltmanns
Die Bau- und Kunstdenkmale in der DDR. Mecklenburgische Küstenregion
Berlin 1990

Baier, Gerd, H. Ende, B. Dräger, D. Handorf, B. Oltmanns
Die Bau- und Kunstdenkmale in Mecklenburg-Vorpommern. Vorpommersche
Küstenregion
Berlin 1995

Barth, Matthias
Mecklenburgische Residenzen. Landesfürstliche Repräsentationsbauten aus
sieben Jahrhunderten
Leipzig 1995

Bock, Sabine, Th. Helms, N. Buske
Schlösser und Herrenhäuser auf Rügen
Bremen o.J. (1993)

Bock, Sabine
Gutsanlagen und Herrenhäuser. Betrachtungen zu den historischen Kultur-
landschaften Mecklenburg und Vorpommern
Schwerin 1996

Dehio, Georg
Handbuch der deutschen Kunstdenkmäler. Die Bezirke Neubrandenburg,
Rostock, Schwerin
Berlin 1968

Höhnke, Jürgen
Paul Korff · Architekt
Berlin 1995

Holz, Birgid
Parks und Gärten der Schlösser Güstrow, Schwerin und Ludwigslust
Schwerin o.J.

Interessengemeinschaft Bau- und Kunstdenkmale (Hg.)
Paul Korffs Wirken für Rostock. Eine Würdigung anläßlich seines 50.
Todestages
Rostock 1995

Jacobs, Edgar
Mecklenburgische Herrenhöfe
Sternberg 1937

Kadatz, Hans-Joachim
Wörterbuch der Architektur
Leipzig 1980

Krauß, Neidhardt, E. Fischer
Unterwegs zu Burgen, Schlössern und Parkanlagen in Mecklenburg
Rostock 1991

Krauß, Neidhardt, E. Fischer
Unterwegs zu Burgen, Schlössern und Parkanlagen in Vorpommern
Rostock 1991

Lichtnau, Bernfried (Hg.)
Architektur in Mecklenburg und Vorpommern 1800-1950. Publikation der
kunsthistorischen Tagung Greifswald 1995
Greifswald 1996

Mast, Peter
Mecklenburg-Vorpommern · 1000 Jahre Geschichte eines jungen Landes
München-Berlin 1994

Meinecke, Andreas
Charles Philippe Dieussart (um 1625-96), Architekt, Skulpteur und Theoretiker in Deutschland, Dissertation, 2 Bände
Greifswald 1992

Metzger, Hubert, B. Schattinger
Gärten und Parks in Mecklenburg-Vorpommern
Würzburg 1993

Neuschäffer, Hubertus
Mecklenburgs Schlösser und Herrenhäuser
Husum 1990

Neuschäffer, Hubertus
Vorpommerns Schlösser und Herrenhäuser
Husum 1993

Nolden, Dieter
Geschichte und Geheimnisse der Burg Maltzan oder Die unendliche
Geschichte einer Ritterburg
Schwerin 1991

Pocher, Dieter
Herrenhäuser und Gutsanlagen des Klassizismus im ehemaligen Großher-
zogtum Mecklenburg-Schwerin im Zeitraum von 1800 bis 1850. Eine Studie
zur Architektur des 19. Jahrhunderts
Dissertation, 2 Bände
Greifswald 1990

Schneider, Rolf
Kleine Geschichte des Landes Mecklenburg-Vorpommern
Berlin 1993

Schwarz, Uwe
Die niederadligen Befestigungen des 13. bis 16. Jahrhunderts im Bezirk
Neubrandenburg
Berlin 1987

Sobotka, Bruno (Hg.)
Burgen, Schlösser, Gutshäuser in Mecklenburg-Vorpommern
Stuttgart 1993

Vitense, Otto
Geschichte von Mecklenburg
Gotha 1920

Zobel, Hans-Jürgen (Hg.)
Peter Joseph Lenné und die europäische Landschafts- und Gartenkunst im
19. Jahrhundert
6. Greifswalder Romantikkonferenz
Greifswald 1992

Am Güstrower Schloß

Mit exklusiver Lage vis a vis des Renaissance-schlosses zu Güstrow, nur wenige Gehminuten entfernt vom histo-

rischen Stadtkern, klassizistischen Bürgerhäusern, dem Dom, Theater und den Barlachgedenkstätten.

Schloßberg 1 • 18273 Güstrow
Telefon: 03843 / 76 70 • Fax: 7 67-100

Marktwirtschaft braucht starke Verbände!

Partnerschaft - Beratung - Gestaltung

Die Vereinigung der Unternehmensverbände für Mecklenburg-Vorpommern vertritt die Interessen der Wirtschaft gegenüber Politik und Verwaltung in den grundsätzlichen Fragen:

- der Arbeitsmarkt- und Bildungspolitik
- des Arbeitsrechts
- der Wirtschafts- und Sozialpolitik
- der Umweltpolitik

Mecklenburg-Vorpommern hat Zukunft - mit starken Partnern.

VEREINIGUNG DER
UNTERNEHMENSVERBÄNDE
FÜR MECKLENBURG-VORPOMMERN E.V.

ECKDRIFT 93, 19061 SCHWERIN
TEL. 0385/63 56 100, FAX 0385/63 561 51

Alles,
was der Mensch treibt,
kultiviert ihn.

Goethe

SETZEN

LAYOUTEN

LITHOGRAFIEREN

DRUCKEN

VERARBEITEN

VERPACKEN

VERSENDEN

GUSTAV A. SCHMIDT

Druckerei seit 1868

Poppenbütteler Bogen 30 • 22399 Hamburg (Poppenbüttel)
Telefon 040 - 606 709-0 • Telefax 040 - 606 616 0

Aus dem L&H Verlagsprogramm

KULTUR

Hamburgs unbekannte Kulturdenkmäler	29,80	3-928119-38-9
Berliner Museumsführer	25, --	3-928119-16-8
Museumsführer Franken	25, --	3-928119-29-X
Frankfurter Museumsführer	9,80	3-928119-01-X
Hamburger Museumsführer	25, --	3-928119-12-5
Museumsführer Harz/Hannover	14,80	3-928119-03-6
Museumsführer Oberbayern/ München	25, --	3-928119-14-1
Museumsführer Rhein/Ruhr	25, --	3-928119-08-7
Museumsführer Schleswig-Holstein	25, --	3-928119-11-7
Erlebnis Museum	35, --	3-928119-05-2
Berliner Museumsführer für Kinder	19,80	3-928119-18-4
Hamburger Museumsführer für Kinder	19,80	3-928119-19-2
Das Gartenreich Dessau-Wörlitz	14,80	3-928119-13-3
Wedgwood	24,80	3-928119-28-1
Schlösser und Herrenhäuser in Schleswig-Holstein	29,80	3-928119-24-9
Schlösser und Herrenhäuser in Mecklenburg	24,80	3-928119-21-4
Das Rathaus der Freien und Hansestadt Hamburg 1897-1997	128, --	3-928119-25-7
Märkische Dichterwege	49,80	3-928119-17-6
Statuen in Potsdam	19,80	3-928119-07-9
Gärten und Parks in Sachsen	29,80	3-928119-26-5

WIRTSCHAFT

Aphorismen für Führungskräfte	29,80	3-928119-22-2
Philosophie für Führungskräfte	39,80	3-928119-27-3
Projektleiter mit Profil	34,80	3-928119-09-5

Fragen sie auch nach unseren speziellen Exkursionen.

L&H VERLAG

Baumwall 5, 20459 Hamburg,
Telefon: 040/36 97 72 45, Fax: 040/36 97 72 60

**TOURISMUSVERBAND
MECKLENBURG-VORPOMMERN** E.V.

Internet: http://www.tmv.de, e-Mail: info@tmv.de

Regionaler
Fremdenverkehrsverband
Vorpommern e.V.
Fischstraße 11
17489 Greifswald
Tel. 03834/89 82 38
Fax 03834/89 92 56

Regionaler
Fremdenverkehrsverband
Fischland-Darß-Zingst e.V.
Barther Straße 31
18314 Löbnitz
Tel. 038324/64 00
Fax 038324/640 34

Verband Mecklenburgischer
Ostseebäder e.V.
Kühlungsborner Straße 4
18209 Bad Doberan-Heiligendamm
Tel. 038203/21 20
Fax 038203/21 20

Tourismusverband
Mecklenburgische Schweiz e.V.
Am Bahnhof, Postfach 1123
17131 Malchin
Tel. 03994/22 47 55/57
Fax 03994/22 47 56

Tourismusverband Schweriner Land/
Westmecklenburg e.V.
Alexandrinenplatz 5-7
19288 Ludwigslust
Tel. 03874/57 19 92
Fax 03874/57 19 90

Regionaler
Fremdenverkehrsverband
Mecklenburgische Seenplatte e.V.
Turnplatz 2
17207 Röbel
Tel. 039931/513 81
Fax 039931/513 86

Tourismusverband
Insel Usedom e.V.
Bäderstraße 4
17459 Ückeritz
Tel. 038375/234 10
Fax 038375/234 29

Tourismusverband Rügen e.V.
Am Markt 4
18528 Bergen
Tel. 03838/807 70
Fax 03838/25 44 40

TAGEN UND TRAINIEREN IM SCHLOSS

Nahe der Landeshauptstadt Schwerin liegt das Schloß Hasenwinkel in der wald- und seenreichen Landschaft Mecklenburgs. Nach umfassender Rekonstruktion stehen in dem denkmalgeschützten Haus 12 Seminar- und Gruppenräume zur Verfügung. Ausgestattet mit modernster Technik, verfügt der Tagungskomplex mit seinen 51 Gästezimmern, Kegelbahn, Sauna, Bar und seinem Schloßpark, über das richtige Ambiente für Ihre individuellen Ziele. Das Schloß bietet bis zu 120 Personen beste Möglichkeiten zum erfolgreichen Arbeiten und Entspannen in behaglicher Abgeschiedenheit.

Natürlich können Sie auch im Schloß feiern!
Für die Organisation von Hochzeiten (Trauungen im Schloß), Geburtstagen, Jubiläen, Betriebsausflügen etc. wenden Sie sich bitte an Frau Berteit Tel. 03847/661 21.

AKADEMIE
SCHLOSS HASENWINKEL

Akademie Schloß Hasenwinkel
Am Schloßpark 2, 19417 Hasenwinkel
Tel. 03847/661 40, Fax 03847/661 50
e-mail: Hasenwinkel@T-Online.de,
URL http://www.bildungswerk-wirtschaft.de

BILDUNGSWERK
DER WIRTSCHAFT

Durch
Weisheit
wird ein Haus gebaut
und durch Verstand erhalten.

Sprüche Salomonis 24, 3

OSTSEE-ZEITUNG